A INOVAÇÃO HOLOGRÁFICA

DVS EDITORA

A INOVAÇÃO HOLOGRÁFICA

Copyright© DVS Editora 2017

Todos os direitos para o território brasileiro reservados pela editora. Nenhuma parte deste livro poderá ser reproduzida, armazenada em sistema de recuperação, ou transmitida por qualquer meio, seja na forma eletrônica, mecânica, fotocopiada, gravada ou qualquer outra, sem a autorização por escrito do autor.

Capa: Vicente Rossi
Foto capa: Shutterstock
Diagramação: Vicente Rossi
Revisão: Sally Tilelli

Dados Internacionais de Catalogação na Publicação (CIP)
(Câmara Brasileira do Livro, SP, Brasil)

Bezerra, Charles
  A inovação holográfica / Charles Bezerra. --
São Paulo : DVS Editora, 2017.

  ISBN: 978-85-8289-145-2

  1. Física quântica 2. Holografia 3. Inovação
4. Tecnologia I. Título.

17-00826   CDD-539

Índices para catálogo sistemático:

1. Inovação holográfica   539

A INOVAÇÃO HOLOGRÁFICA

Charles Bezerra, Ph.D.

DVS EDITORA

São Paulo, 2017
www.dvseditora.com.br

ÍNDICE

Prefácio 07

1. O Holomovimento de Bohm 13

2. Jeitos de Pensar 25

3. A Lei do Esforço Reverso 45

4. Transformações Holográficas 63

5. A Escada das Abstrações 83

Sugestões de Leitura 89

Prefácio

Em um sentido mais amplo, todas as nossas inovações são coletivas. Todos nós fazemos parte de um grandioso sistema de criação. Capaz de criar arte, ciência, cultura, linguagem, tecnologia, artefatos, empresas, escolas, sociedades, países, economias, religiões e governos, entre inúmeras outras coisas. Nossas inovações podem até chegar pelas mentes ou mãos de um ou outro indivíduo, mas são resultantes de um único sistema – um único programa. Uma complexa rede de abstrações que se autoinspira e autoinfluencia. Por exemplo, podemos dizer que as descobertas do Michael Faraday no campo do eletromagnetismo ou do Bertrand Russel em lógica simbólica, fazem parte das nossas modernas inovações digitais, mesmo que isso tenha acontecido há centenas de anos. Ou seja, cada uma de nossas inovações representa a combinação evolutiva de nossas abstrações e de nossos conhecimentos até o determinado tempo em que é concebida. Nossas inovações representam fundamentalmente o empacotamento de nossas abstrações.

Estamos acostumados a perceber e creditar o ato de concepção a um ou a poucos indivíduos e, em muitos casos, até os idolatramos. Todas as tentativas de explicar e avançar nossa capacidade de inovar são individualistas. Mas, se realmente quisermos fazer progresso, teremos de reinterpretar a relação do indivíduo e do coletivo dentro desse sistema.

Nossas criações são resultantes do que pensamos, de nossos pontos de vista, nossas visões de mundo e nossos paradigmas. A maneira que nossa espécie inova é fortemente impactada pelo paradigma de sua época. Existem casos até de inovações simultâneas em que pessoas diferentes e em locais diferentes chegam, ao mesmo tempo, às mesmas conclusões criativas, como se acessassem os mesmos conceitos que pairam em uma espécie de nuvem coletiva da qual todos nós participamos.

Existem inúmeras maneiras de compreender o conceito de inovação, e todas são válidas. Aqui não entenderemos inovação como uma coisa, mas sim como um processo, um jeito de pensar. Como um movimento de nossas mentes; uma resposta de nossa memória e uma função do que pensamos. Trata-se de um processo cognitivo e cultural que desenvolvemos para transformar a nossa realidade. Afinal, a realidade de hoje foi o *design* de ontem, e a de amanhã será o *design* de hoje. Somos ativos criadores de nossas realidades.

Porém, após alguns milhares de anos exercitando essa poderosa competência de criar, parece que perdemos o controle. O resultado de nossas inovações já não está mais acompanhando nossas expectativas. A quantidade e gravidade dos problemas que estamos presenciando em nossa realidade deixa claro que os paradigmas e os princípios de *design* que usamos até então precisam de uma profunda revisão. Criamos tudo achando que os recursos do planeta eram infinitos. Criamos tecnologias para nos libertar, todavia, acabamos nos tornando distraídos ou até escravizados por elas. Criamos processos e estruturas para ganhar escala, porém, em vez de termos mais tempo para pensar nos tornamos cada vez mais ocupados e dependentes. Estamos viciados pelo consumo de nossas criações e vivemos sempre estressados criando algo novo que alimente nosso insaciável apetite por mais criações. Talvez a razão mais importante para revisarmos a maneira como estamos criando seja a má distribuição dos benefícios do que criamos, afinal, também somos criadores de desigualdades. O que sobra para uns faz muita falta para outros. Criamos uma realidade que coexiste com os obesos e famintos oriundos dos benefícios das inovações que ela própria cria. Isso parece ser a fonte de todos os nossos conflitos. E, mesmo quando discordamos quanto ao fato de estarmos – ou não – evoluindo coletivamente, concordamos que poderíamos estar bem melhor, vivendo uma vida com menos sofrimento e mais sentido.

O conceito da Inovação Holográfica que compartilho neste livro representa não apenas uma tentativa de enfrentar esses importantes desafios, mas a necessária exploração de uma ampla e fundamental visão de inovação; a tentativa de encontrar novos princípios conceituais capazes de reorientar nossas abstrações e nos ajudar a atingir nosso infinito potencial. O termo Holográfico tem origem em duas palavras Gregas: ὅλος "*holo*" que significa "o todo" ou a "totalidade"; e γραφή "*graphe*" que significa "escrever" ou "desenhar". Ou seja, representa a ideia de uma fotografia ou registro da totalidade. Assim, o conceito da Inovação Holográfica sugere um novo jeito de pensar e realizar atividades de *design*; uma maneira de inovar que leva em consideração toda a complexidade e interdependência dos agentes, onde tudo está interligado, em movimento, e coisas aparentemente insignificantes podem fazer toda a diferença.

De modo fundamental, este é um livro a respeito de inovação coletiva; de como criar algo em conjunto. Ele tem como objetivo desenvolver as competências conceituais dos leitores. Já estamos cansados de *cases* e métodos que prometem a solução de todos os problemas, mas passam longe das perguntas fundamentais. Assim, este livro pretende ser mais avançado; voltado para aqueles que já passaram pelos estágios de métodos, técnicas, processos e ferramentas e agora buscam inspirar-se por novas e fundamentais visões de mundo. De maneira alguma este livro pretende criar mais um termo da moda no mundo da inovação ou dos negócios – algo que também estamos cansados de presenciar. Trata-se apenas de uma provocação conceitual; de um simples convite à reflexão.

Este livro também reflete em minha jornada intelectual a profunda influência das ideias do físico quântico e filósofo David Bohm, que falava da necessidade de um estado de atenção que se revelava diferente de analisar, diferente do pensar e racionalizar. Um estado de percepção que pode ir além dos nossos sentidos. Uma sensibilidade de alto nível que é capaz de perceber as sutilezas, os sentimentos e as nuances de todos e de tudo. Algo que apenas começa com uma calma e a simples vontade de ver o todo.

O livro está estruturado em cinco capítulos, como uma série de histórias, exemplos e ilustrações para o leitor construir em sua mente. No primeiro capítulo iniciamos com o grande desafio de explicar alguns detalhes sobre o modelo holográfico, sua origem e seus fundamentos. Na verdade, trata-se de uma tentativa (talvez impossível) de explicar os principais conceitos da teoria das variáveis escondidas do David Bohm, que servirá como uma base conceitual para as consequentes explorações do livro.

No segundo capítulo exploramos de forma mais detalhada os sintomas do contexto que indicam que o nosso jeito de pensar está precisando de uma revisão. Contemplamos as mudanças pelas quais nossa maneira de refletir vem passando com o tempo e também consideramos algumas das possíveis causas para a maioria dos problemas que enfrentamos em nossos meta-agentes, nossas casas, escolas, nossos trabalhos e nossa sociedade como um todo.

No capítulo três mergulhamos em um caminho alternativo para alcançar resultados. Buscamos entender a essência e a aplicabilidade da Lei do Esforço Reverso, que sugere uma rota completamente diferente para alcançarmos a transformação de pensamento que necessitamos. Aqui também exploramos os movimentos conceituais que fazem parte da ideia da Inovação Holográfica.

No capítulo quatro fazemos uma tentativa de trazer a conversa para um patamar um pouco mais aplicado. Exploramos alguns conceitos para ajudar nossos sistemas a se transformarem da forma mais eficiente e inovadora possível. Refletimos sobre algumas coisas que podemos fazer para processar informações e resolver nossos desafios coletivamente – o que pode limitar e o que pode liberar nossa capacidade para "criar juntos".

E, por último, no capítulo 5 encerramos o livro fazendo uma reflexão que sugere um tipo de escada de abstrações para ajudar um pouco neste exercício de "pensar juntos" nossos meta-agentes.

É bastante difícil escrever alguma coisa quando você não tem certeza de praticamente nada e tem como vício sempre ver uma conexão entre os assuntos. Você não sabe por onde começar e, além disso, quando começa não sabe aonde irá terminar. Por isso as ideias aqui não estão orientadas para convencer ninguém de nada, sendo bastante conceituais e suficientemente genéricas para ser aplicáveis por qualquer indivíduo ou organização, e para refletir e enfrentar qualquer tipo de problema ou desafio, pois, como iremos perceber, a maioria dessas divisões é, na verdade, ilusória.

Espero sinceramente que este pequeno livro – que não oferece nenhuma receita; em que sou apenas um facilitador e participante do holograma do qual você também faz parte – possa provocar e, quem sabe, estimular sua própria reflexão!

CB
São Paulo, Fevereiro de 2017.

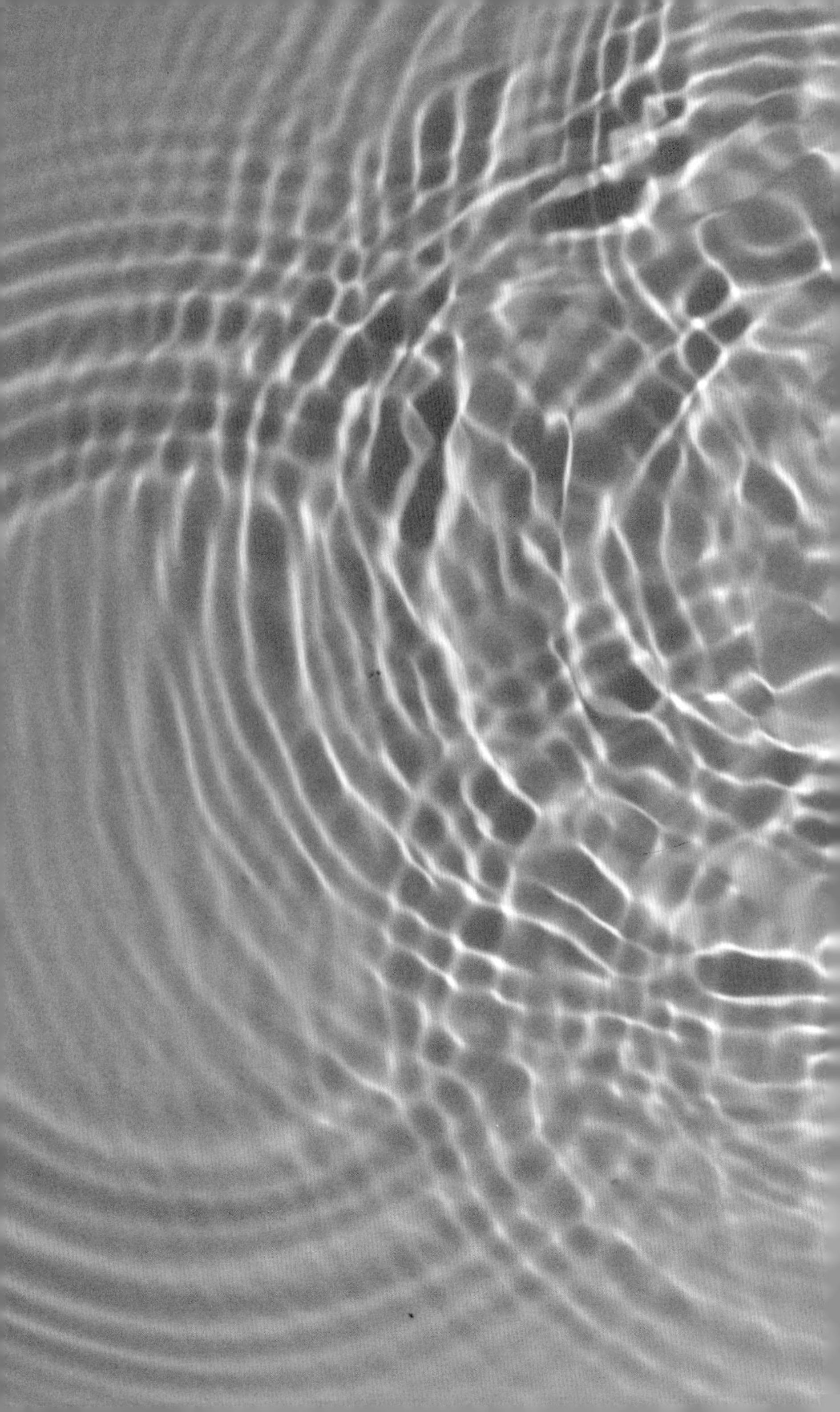

1. O Holomovimento de Bohm

"Individualidade só é possível se for um desdobramento da totalidade."
David Bohm

Nos anos 40, um matemático Húngaro chamado Dennis Gabor estava trabalhando para melhorar a resolução e a qualidade das imagens dos microscópios eletrônicos – potentes microscópios que usam elétrons ao invés de fótons de luz para obter imagens de coisas extremamente pequenas, como células e cristais metálicos. Foi então que ele teve uma ideia que trinta anos mais tarde lhe renderia nada mais nada menos que o prêmio Nobel em física – ele concebeu o holograma. Acredito que todos os que irão ler este livro já devam ter visto um holograma em algum filme de ficção científica. Aquele tipo de fotografia ou vídeo em três dimensões, geralmente com um tom azulado.

A ideia que o jovem Gabor teve foi a seguinte. Ele pensou que, em vez de registrar a imagem como uma fotografia comum em um filme fotográfico, talvez ele pudesse capturar mais informações, ou seja, o padrão de interferências. Em física a interferência é um fenômeno que acontece quando ondas se encontram. E isto vale para todos os tipos de ondas, como, por exemplo, as de luz, radio, som ou até mesmo aquelas pequenas ondas que se formam na superfície de um lago quando jogamos uma pedra. Bem, se atirarmos mais de uma pedra, as pequenas ondas concêntricas que elas produzem tocam umas nas outras criando um padrão – um padrão de interferência de ondas. E, nos pontos em que essas ondas se encontram elas podem se ampliar ou se anular, de modo que a informação do local exato onde as pedras tocaram a superfície da água se espalhe no padrão de interferência. Se filmarmos a cena com uma câmera e rodarmos o vídeo ao contrário observaremos que toda alteração de amplitude e frequência das ondas que está registrada no padrão é, na verdade, informação sobre a quantidade de pedras, a posição e o momento em que elas atingiram a superfície da água. Ou seja, no padrão de interferência temos um registro não apenas do presente, mas também do passado.

Após criar a matemática de sua ideia, que possibilitaria a invenção do holograma, Gabor teve de esperar até a década de 1960 para que sua invenção fosse realmente possível. Com a criação do laser, uma forma de luz pura, coerente, e diferente daquela de uma lâmpada comum (que, por sua vez, é incoerente e dispersa), ele conseguiu o tipo de luz perfeita para a criação do holograma. Um holograma é produzido quando um facho de luz de laser é dividido por espelhos. Um desses fachos passa pelo objeto que se quer fotografar e, posteriormente, os dois voltam a se encontrar em um filme holográfico. Quando olhamos esse filme não vemos a imagem do objeto fotografado, mas sim a imagem de um padrão de círculos concêntricos similar aos da superfície da água em que jogamos pedras. Porém, quando jogamos um laser com a mesma frequência que foi usada para criar o holograma sob esse filme, a imagem original aparece em três dimensões. Gabor recebeu o prêmio Nobel de física no ano de 1971 por sua invenção do holograma, mas essa história não acaba aqui. Pelo contrário, agora é que ela se torna ainda mais interessante.

Talvez o aspecto mais intrigante em relação aos hologramas seja o fato de que ao cortarmos o filme holográfico que contém uma imagem em vários pedaços, pegarmos um deles e atirarmos o laser em cima, não aparecerá apenas uma parte da imagem do objeto, e sim a imagem inteira. Por exemplo, se criarmos o holograma de uma flor, pegarmos o filme holográfico dela e o dividirmos em quatro partes, qualquer uma dessas partes será o holograma de uma flor completa. Ou seja, o todo contém as partes assim como as partes contém o todo. Qualquer parte do holograma contém informação sobre sua totalidade. A informação do objeto não está localizada, mas distribuída em todo o filme holográfico.

Esse aspecto dos hologramas chamou a atenção de um neurofisiologista austríaco chamado Karl Pribram, no começo dos anos cinquenta. Pribram estava estudando a memória, tentando entender onde e como nossas mentes guardam informações. Para isso, ele realizava experimentos em ratos e macacos – ele, por exemplo, treinava ratos para que memorizassem labirintos e, depois, retirava a parte de seus cérebros onde acreditava estar "guardada" a memória. Entretanto, após um certo tempo o ratinho lembrava o caminho do labirinto. Assim, Pribram começou a suspeitar que a mente funcionava de maneira similar à de um holograma – talvez um neurônio fosse parte de um todo, mas, ao mesmo tempo, também possuísse o todo. Após mais e mais experimentos ele começou a encontrar evidências de que as descrições matemáticas do comportamento das células nervosas usadas por nossas mentes não era algo localizado, mas havia uma ordem de processamento distribuído. Ou seja, a operação dos bilhões de células nervosas de nossas mentes obedecia aos mesmos princípios matemáticos que Gabor usou para descrever o holograma. Tais princípios se baseiam nas Transformadas de Fourier, que são uma maneira matemática de simplificar e descrever complexos conjuntos de dados em um formato de ondas. É como se nossos cérebros focassem no movimento das coisas ao invés de prestar atenção em cada pequeno detalhe. Um bom exemplo é quando aprendemos a andar de bicicleta. Nós não conseguimos aprender decorando cada detalhe do processo. Na verdade, nós o fazemos quando compreendemos a totalidade do movimento e aprendemos a usá-lo para nos equilibrar.

E assim Pribram propõe sua teoria holonômica do cérebro. O padrão de interferência capturado em um holograma permite que ele registre mais informações que uma fotografia tradicional, uma vez que também está registrando a dispersão das ondas. Pribram costumava dar o exemplo de uma câmera fotográfica: quando desfocamos a imagem, a visão embaçada que observamos é essencialmente um holograma. O que está contido nela é o quadro real, e tudo o que precisamos fazer é focar para que a imagem apareça em um plano. Isso também levou Pribram a entender o funcionamento da visão como a lente de uma máquina fotográfica que posiciona a imagem em nossa retina. O ponto chave aqui é que a realidade é um holograma. O que nos faz ver o nosso mundo do jeito como o enxergamos é a nossa visão, mas existe muito mais informações na cena que não capturamos com os nossos olhos. Por exemplo, é bem provável que no ambiente em que você está agora existam sinais digitais de televisão, sinais de celular, algum tipo de circulação de ar que se encontra com outras correntes, cheiros (de uma comida ou perfume). Tudo isso está presente no cenário ao seu redor, está no holograma, mas você não é capaz de "ver" com os seus olhos.

De acordo com Pribram, o modelo holográfico da mente também explica a maneira como simplificamos a captura de informações e a capacidade de reconstrui-las depois quando necessário. Há uma ilusão de que as coisas são localizadas onde na verdade não são. Um holograma é uma imagem virtual. Parece estar onde não está. Como uma imagem no espelho. Da mesma maneira como quando sonhamos, somos capazes de reviver algo de forma tão realística que, muitas vezes, não sabemos se um evento ou outro representa a memória de algo que de fato aconteceu ou apenas um sonho que tivemos. Quando temos um pesadelo, por exemplo, parece ser tão real que o sonho é capaz de mudar o ritmo de nossa respiração e até nos fazer acordar. Para o nosso cérebro a realidade e um sonho são a mesma coisa – um registro em forma de holograma.

Para chegar à sua teoria da mente como um holograma Pribram interagiu e recebeu forte influência de outro grande pensador: o brilhante e visionário físico teórico David Bohm, que já havia elevado o aspecto do "todo em cada parte" dos hologramas a um nível conceitual extremamente alto e desenvolvido o que seja, talvez, a mais ampla e mais fundamental teoria para a compreensão da totalidade. Bohm é considerado um dos mais importantes físicos do século vinte. Ele era amigo de Einstein, sendo considerado por este como seu sucessor intelectual. Bohm teve como orientador Robert Oppenheimer e sua pesquisa envolvia cálculos sobre as colisões de partículas atômicas, o que se provou bastante útil para o Manhattan Project, nome do projeto que construiu a bomba atômica. Por isso ele foi proibido de trabalhar e escrever sua própria tese. Mesmo assim, com a influência de Oppenheimer, a universidade lhe concedeu seu Ph.D. em 1943. Bohm desenvolveu a teoria dos plasmas, o quarto estado da matéria, e chegou muito perto de ganhar o prêmio Nobel, mas foi acusado de ligações com possíveis comunistas durante o Macarthismo. Em seu depoimento ele se recusou a citar nomes e dar evidências contra seus amigos. Assim, teve de deixar sua vida como professor em Princeton, onde era vizinho de Einstein, e sair dos Estados Unidos para construir sua carreira científica em outros países. Ele o fez primeiramente no Brasil, depois em Israel e, finalmente, na Inglaterra. A vida de Bohm é na verdade fascinante e pode ser conhecida em sua excelente biografia *"The Infinite Potential,"* escrita pelo físico quântico David Peat.

As brilhantes ideias de Bohm representam uma oposição a ver o mundo como uma máquina. Ele costumava contar que quando tinha cerca de dez ou doze anos, ao passear por uma trilha na floresta com outras crianças eles depararam com um riacho onde havia uma série de pedras para atravessar. Quando ele pulou na primeira pedra ele logo percebeu que seria impossível ficar parado o tempo necessário para planejar o próximo salto. Assim, atravessar o riacho pulando de pedra em pedra só poderia ser feito em um movimento contínuo. Se tentasse parar ou até mesmo pensar no que estava fazendo, ele cairia. Ele então concluiu que sua segurança não estava em posições estáticas e no controle, mas no movimento livre e contínuo. Este conceito o acompanharia pelo resto da vida. Bohm começou a ver o mundo em termos de fluxos, transformações e movimentos.

A abordagem padrão da física quântica, conhecida como a Interpretação de Copenhague, tem como pilar fundamental o princípio da incerteza de Heisenberg. Que representa a ideia do indeterminismo. Como os experimentos mostraram a incapacidade de determinar, ao mesmo tempo, a posição e a velocidade de um elétron, esta corrente de pensamento defende a ideia de que devemos aceitar o indeterminismo da natureza; que no fundo do nível subatômico tudo é um jogo de probabilidades. Mas nem Einstein nem Bohm aceitavam facilmente esse indeterminismo. Para eles, a aparente percepção de indeterminismo vem da nossa temporária ignorância sobre algo mais fundamental. Eles acreditavam que a teoria quântica padrão não cobria certas variáveis ou propriedades que estavam em um nível ainda mais profundo. Uma vez que conhecemos essas variáveis ocultas, o indeterminismo se torna determinismo.

Em 1935, Einstein e outros dois amigos – Boris Podolsky e Nathan Rosen – apresentaram um artigo em que descreviam um "experimento mental" para confrontar a teoria quântica da época. Ele ficou conhecido com o paradoxo EPR e testava a correlação entre pares ou grupos de partículas à distância. A ideia do paradoxo era que uma partícula não poderia influenciar a outra à distância sem que houvesse uma instantânea comunicação entre ambas. Tal comunicação teria de ser muito rápida – a velocidade da luz – e isso infringiria as leis da relatividade. Nesse momento, Bohm oferece uma interpretação da realidade que é "não local", que resolve o conflito sem violar nenhum aspecto da relatividade, e que, ao mesmo tempo, demonstra o poder conceitual de suas ideias.

A imagem que Bohm nos oferece para explicar sua teoria é a seguinte: ele nos pede para nos imaginarmos de pé, em frente a um muro. Diante de nós tudo o que observamos são dois televisores e, em cada um deles, percebemos a imagem de um peixe. Por trás do muro existe um aquário com um peixe, mas não somos capazes de vê-lo. Tudo o que vemos são as imagens do aquário nos monitores, sendo que um mostra a imagem captada por uma câmera frontal e o outro a imagem de uma câmera lateral do aquário. Notamos também que quando um peixe se move em uma projeção em uma das televisões, o outro também se move instantaneamente. Assim, Bohm explica que as imagens são projeções do mesmo peixe. Nossa ignorância do que existe por trás do muro nos faz perceber que existem dois peixes separados e há uma correlação entre ambos, da mesma maneira como verificamos a correlação entre partículas subatômicas distantes. Para ele, as projeções separadas em duas dimensões nos televisores representam a ordem da realidade como a observamos, ao que ele chamou de ordem explicita. Todavia, em um nível mais profundo existe uma outra ordem, em uma dimensão ainda maior – neste caso em três dimensões –, que explica, dá sentido e conecta tudo o que observamos. A isso ele chamou de ordem implícita. E assim, nossa aparente percepção de separação das coisas, das partículas atômicas e de tudo no universo em três dimensões é, na verdade, uma aparente ilusão que esconde uma explicação mais profunda, que é implícita e se encontra em uma dimensão mais elevada. O que está na frente do muro – a realidade manifesta, o mundo como o observamos – é a ordem explícita; o que está por trás do muro é a ordem implícita.

Outra imagem que Bohm sugere para nos ajudar a entender sua teoria da realidade é a de um papel quando o dobramos e fazemos cortes nele. No momento em que o desdobramos verificamos que existe um padrão. Os padrões de dobraduras e cortes quando abertos representam a ordem explicita, que são explicados pelas dobraduras e pelos cortes que fizemos em uma ordem implícita, quando o papel estava dobrado. Para Bohm, a realidade – ou a totalidade – é exatamente este processo, ou seja, esse constante movimento de dobramentos e desdobramentos entre as ordens explicita e implícita, entre dimensões mais aparentes e menos aparentes, ao qual ele chamou de holomovimento. Bohm descreve essa teoria em seu livro *Wholeness and the Implicte Order* e, assim, fornece uma explicação conceitual e matemática para sua hipótese, segundo a qual a realidade possui uma profundidade infinita; nenhum contexto é exaustivo; sempre haverá propriedades e qualidades além da nossa capacidade de compreensão; uma teoria sobre algo é sempre um *insight* limitado, pois todo objeto ou processo possui um número infinito de perspectivas. Além disso, de acordo com sua hipótese, as partes da realidade se relacionam entre si, ou seja, a ideia de que tudo está conectado a tudo e que a totalidade é que é fundamental. A visão de que podemos isolar e separar as partes é uma ilusão e provoca a fragmentação do nosso pensar, o que para Bohm é a causa de todo os nossos problemas. Por último, ele afirma que a totalidade e as partes da realidade estão em movimento – existe um holomovimento, onde tudo está em constante mudança, em um processo de dobramento e desdobramento entre ordens explícitas (a realidade como a percebemos) e ordens implícitas (a arrumação que provoca/estabelece a realidade explícita); tudo é movimento, e qualquer tentativa de congelamento da realidade é artificial. Nas palavras de Bohm, *"Não existem objetos, entidades, ou substâncias, mas [...] tudo que é observável toma existência [...] se mantêm estável por algum tempo, e assim deixa de existir"*. Todo pedaço da realidade está constantemente se formando, reformando, transformando e deixando de existir.

Claramente, essas ideias propostas por Bohm assemelham-se bastante aos conceitos já defendidos há muito tempo pela sabedoria de povos indígenas, por religiões e até mesmo por várias crenças espirituais. Trata-se de uma teoria cientifica ampla o suficiente para permitir o diálogo e a aproximação entre mundos anteriormente vistos como totalmente opostos. Bohm se tornou amigo do líder espiritual Indiano Jiddu Krishnamurti, com quem teve vários diálogos para explorar essas ideias. Outro líder espiritual que se tornou bastante amigo de Bohm foi o líder budista, o 14º Dalai Lama, que reconhecia Bohm como seu guru cientifico, e costumava dizer que ele era *"seu professor de ciências, mas só havia um problema, quando a aula acabava, o aluno esquecia de tudo"*.

Vários outros pensadores e teólogos também entenderam a interpretação da teoria quântica de Bohm como a possibilidade de relação entre religião e ciência. O teólogo, matemático e pastor anglicano Kevin James Sharpe, autor do livro *"David Bohm's World: New Physics and New Religion"*, faz um fantástico resumo de suas ideias e possíveis implicações religiosas. Ele ressalta que o conceito da ordem implícita conversa com a ideia de existência de Deus. E, mesmo que Bohm não costumasse se referir à existência de um Deus, ele acreditava que havia algo que ele chamava de "além". Como o próprio Kevin Sharpe resume:

> *"Para Bohm, esse 'além' estaria além do explícito e do implícito, além do holomovimento, algo que não podemos compreender. Esse além estaria no domínio do sagrado, do espiritual, de Deus e, assim, ele acreditava que a compaixão, a inteligência, o amor e o insight vinham desse além."*

Em seu livro *"The Holographic Universe"*, Michael Talbot explora ainda mais as implicações das interpretações da teoria quântica, em especial as ideias de Bohm e Pribram, para sugerir uma possível explicação para milagres e fenômenos paranormais. Para ele, se Bohm não estiver errado e o universo for realmente um holograma, em que todos são parte de um todo, qualquer parte pode acessar a outra. Fenômenos como telepatia, experiências fora do corpo, milagres religiosos e até ideias bastantes difíceis de conceber – como a possibilidade de eventos do futuro alterarem o passado – poderiam ser explicados. Ainda que alguns dos princípios e fundamentos de suas ideias possam ter sido exagerados por outros pensadores, uma constante na vida de Bohm foi sua enorme curiosidade e abertura para conversar com outras áreas, ideias e teorias, por mais radicais que parecessem.

As teorias de Karl Pribram e David Bohm ainda produzem muita controvérsia e, por mais que não sejam as teorias padrões, nem os seus maiores críticos se recusam a reconhecer a coerência, elegância conceitual e magnitude que elas se propõem a endereçar.

Este resumo sobre o modelo holográfico poderia ser feito em vários e vários volumes. O que temos aqui, portanto, é uma explicação extremamente focada nos pontos mais importantes para nos ajudar no restante do livro.

O que acabamos de abordar é talvez a mais ampla teoria para explicar a totalidade de nossas experiências. Porém, como falamos na introdução, a questão sobre a qual este livro pretende avançar é a dimensão criativa. O que significa inovar dentro de um holograma? Quão diferente isso pode ser da maneira como criamos hoje? Quanto o entendimento de que "o todo está em toda parte" pode mudar o modo como criamos e pensamos o futuro? Quais os princípios criativos capazes de acompanhar esse entendimento conceitual? Quais comportamentos e atitudes deveriam acompanhar essa nova maneira de criar? Estas são apenas algumas perguntas que continuaremos a explorar.

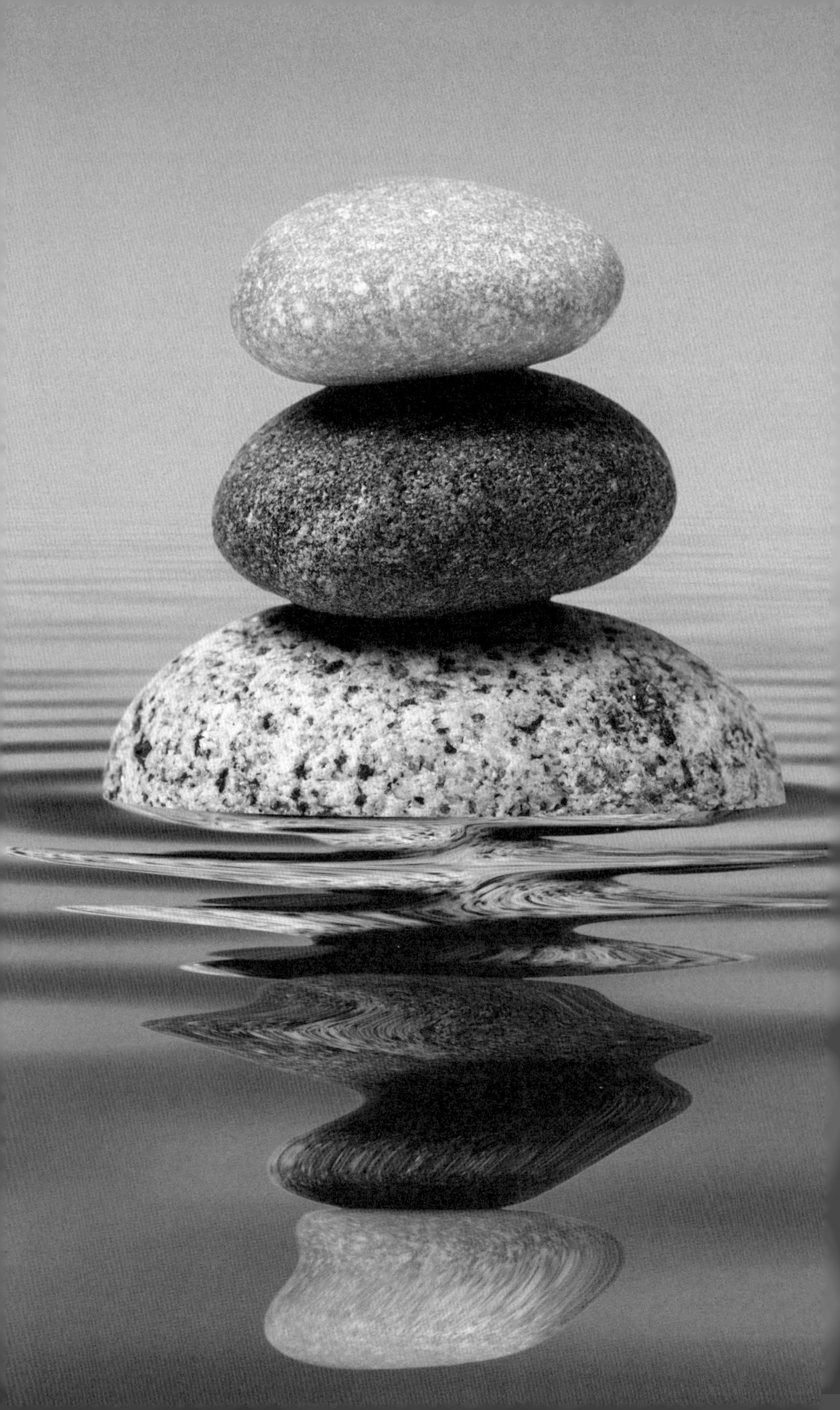

2. Jeitos de Pensar

> *"Não é o quanto você sabe. É como você pensa."*
> Roger Shanck

Algumas semanas atrás, eu peguei um taxi e o motorista me contou uma história que me fez refletir muito. Ele me falou que exatamente naquele local em que eu havia embarcado ele tinha sido assaltado. Um ladrão, que se fez passar por passageiro, o rendeu e levou sua carteira e celular. Como o ocorrido havia sido bastante recente, percebi que ele ainda estava bastante emocionado. Ele continuou a me contar os detalhes, dizendo que o ladrão havia usado uma faca e saído do carro calmamente e olhando para ele. O taxi não era um carro novo, pelo contrário, tratava-se de um automóvel bem velho e, claramente, o valor que o ladrão havia levado lhe faria muita falta. Então, ainda impactado com o que lhe havia ocorrido, o taxista começou a refletir sobre tudo e me disse que se tivesse uma arma ele provavelmente teria atirado no ladrão. Porém, ao mesmo tempo ele pensou melhor e se corrigiu, e disse que sua vingança não iria adiantar, uma vez que ele provavelmente seria preso e perderia sua liberdade. Depois ele disse que não foi à polícia porque não acreditava que o órgão fosse capaz de ajudá-lo. Ele falou de sua descrença em todas as instituições, no Estado e no ser humano em geral. E, visivelmente triste, concluiu dizendo a frase que me fez pensar: *"É um mundo podre"*. Ou seja, sua visão de mundo carregava imensa dor e nenhum sinal de esperança.

Coincidentemente, na noite daquele mesmo dia, ao colocar meu filho para dormir e conversar com ele sobre suas ideias e seu entusiasmo quanto ao futuro, percebi a diferença entre essas duas visões de mundo. Num mesmo dia, conversar com uma pessoa traumatizada por uma experiência negativa, que enxergava a realidade como algo pesado, sombrio, sem otimismo algum, e, então, observar a alegria e esperança de uma criança que, como todas as crianças, possui a inocente curiosidade e o entusiasmo por descobrir coisas novas, me fez refletir. Quanto nossas visões de mundo alteram nossas percepções da realidade? Quanto o que percebemos é influenciado pelo que acreditamos, pelos nossos paradigmas? Quanto dos problemas que enfrentamos são decorrentes do nosso jeito de pensar? Será que o jeito que estamos pensando é o mais adequado? Será que existem modos de pensar mais avançados? Será que podemos mudar nossa realidade por meio da mudança do nosso jeito de pensar?

Nossos primeiros ancestrais eram caçadores nômades e esse foi o estilo de vida que seguimos por mais tempo ao longo de toda a nossa história como espécie. Ao menos noventa por cento do nosso tempo no planeta passamos seguindo essa estratégia de subsistência. Esse foi sem dúvida o nosso primeiro grande paradigma. Nossos pensamentos eram dedicados a "ler" as estrelas, as mudanças na vegetação e as migrações de pássaros para facilitar nossa adaptação. Nossas explicações para os fenômenos eram quase sempre místicas e o nosso entendimento sobre o universo era apenas o que podíamos ver com os nossos olhos. Achávamos que a terra se mantinha estática e seus recursos eram infinitos para extração. Desenvolvemos a linguagem, estratégias colaborativas e artefatos para caçar. Nossa resistência física para correr longas distancias certamente nos favoreceu em relação a outras espécies. Dominamos o fogo, o que mudou de maneira drástica a nossa dieta e, consequentemente, nossa estrutura física. Perdemos massa muscular mas ganhamos um cérebro maior, o que proporcionou o *"hardware"* perfeito para a nossa primeira grande inovação: a agricultura. Como precisávamos irrigar nossas culturas, os locais perto de rios eram quase sempre nossas escolhas preferidas de localização. Nessa época, começamos a domesticar animais para nos ajudar no trabalho pesado e também na segurança. E em algum momento nesse período aconteceu algo bastante importante: começamos a representar o mundo à nossa volta, fizemos nossos primeiros desenhos e nossas primeiras pinturas em cavernas. Nossa consciência evoluiu a tal ponto que, de certo modo, começou a analisar e interpretar o mundo. Ocorreu uma importante ruptura em nossa consciência, como se fôssemos separados da realidade – agora existiam o mundo lá fora e nós. Nossa consciência começava a nos colocar em uma posição especial de observadores da realidade.

A onda agrária nos deu imenso poder adaptativo. Como bem explicado pelo sociólogo e futurista Alvin Toffler em seu livro *Powershift: As Mudanças do Poder*, *"a regra do poder dessa época é extremamente básica: obedeça e você não sairá machucado."* Nossos conflitos eram resolvidos à força e nossos combates foram assumindo escalas cada vez maiores. Interessante e triste notar que, desde então, a guerra tem sido o maior impulsionador do nosso desenvolvimento tecnológico.

Nossas comunidades começaram a crescer e ganhar mais e mais complexidade. Esta necessidade de escala nos trouxe outro grande paradigma: o industrial. Dividimos nossos trabalhos e nos especializamos. Os fatores de produção, ou seja, a terra, o trabalho e o capital, que antes estavam integrados, foram separados. Antes, trabalhávamos em nossas próprias terras, usando nossas próprias ferramentas. Agora, entretanto, quem possuía capital concentrava bastante poder e podia comprar a capacidade de trabalho do outro.

Em 1936, Chaplin faz uma fantástica sátira das consequências desse modo de pensar. Ele nos alertou que algo estava errado, que estávamos forçando em nós mesmos um ritmo mecânico e linear que não era natural para nossas mentes. Para ele, a noção de que se cada um fizesse a sua parte tudo daria certo não era assim tão direta no fim.

Porque começamos a saborear os primeiros frutos do pensamento científico e passamos a entender o cosmo, as orbitas dos planetas, a trajetória da bala de um canhão, e achamos que o universo funcionava como uma máquina; que tudo funcionava como um relógio – neste sentido, se entendêssemos as partes poderíamos controlar o todo. Assim, nosso jeito de pensar mergulhou na busca para tentar entender as partes. Desintegramos praticamente tudo em nossas vidas. Os conceitos que antes estavam todos interligados em nossas comunidades – como o trabalho, a política, a educação, a religião – agora se revelavam separados, regidos por uma nova ordem, uma nova visão de mundo.

Esse jeito de pensar especializado nos trouxe muitos benefícios, possibilitou a cura para várias doenças e propiciou a condição de alimentar mais e mais pessoas. Dobramos nossa expectativa de vida. Quatrocentos anos depois que Galileu olhou para o espaço com um telescópio conseguimos pisar na lua. De fato, pouco mais de sessenta anos se passaram entre a descoberta dos princípios do voo, o desenvolvimento de nossos primeiros aviões e o pouso do homem em terreno lunar. Apenas cento e poucos anos separam nosso primeiro voo e o pouso da *Curiosity* – um robô do tamanho de um veículo de passeio pesando quase uma tonelada – na superfície de Marte.

Quando olhamos para a recente história do nosso "jeito de pensar," como acabamos de fazer, verificamos um interessante padrão de mudança: estamos trocando atividades que exigem músculo por atividades que exigem cérebro. O professor James Robert Flynn, da Universidade de Otago na Nova Zelândia, que tive o prazer de conhecer, vem estudando exatamente tal evolução. Em seus estudos ele documenta a evolução dos resultados nos testes de inteligência (conhecidos como testes de QI em diferentes partes do mundo desde os anos trinta. Ele conclui que esse crescimento significativo dos resultados, geração após geração (denominado *"the Flynn effect"*), significa fundamentalmente que nosso pensar está cada vez mais preparado para abstrair, especular e fazer uso da lógica, além de lidar com o hipotético. Em seu livro *"What is Intelligence?"*, ele cita as entrevistas do neurofisiologista russo Alexander Luria com moradores de remotas áreas da antiga União Soviética. Em um desses diálogos o entrevistador pergunta: *"Todos os ursos são brancos onde sempre tem neve. Em Novaya Zemlya sempre tem neve. Qual a cor dos ursos por lá?"* A resposta dos entrevistados: *"Eu só tenho visto ursos pretos onde moro e eu não falo sobre o que eu não tenho visto."* Então o entrevistador pergunta: *"Mas o que minhas palavras implicam?"* E novamente a resposta: *"Se uma pessoa não esteve lá ela não pode dizer nada com base em palavras. Se um homem de 60 ou 80 anos me dissesse que viu um urso branco eu poderia acreditar."* Eles então completavam com outra pergunta: *"Como nós podemos resolver coisas que não são problemas reais?"*

Este é um exemplo da dificuldade que o homem anterior à era científica costumava enfrentar para ir além do concreto e tecer análises de maneira abstrata. A medida que nossas abstrações alteram nossa realidade em velocidade e escala cada vez maiores, a realidade que criamos exige mais e mais sofisticação para nossas abstrações. Estamos cada vez mais dedicados a processar informações. De fato, isso é o que cada vez mais fazemos, individual e coletivamente.

Isso, entretanto, não significa dizer que o nosso jeito atual de processar e abstrair seja sempre o mais adequado, tampouco que não tenha falhas. Na verdade, podemos identificar vários sinais de que nossa maneira de processar está obsoleta e precisa de uma profunda revisão. Também sabemos que se quisermos realmente continuar evoluindo precisamos dar atenção a esses sinais. Colocando de uma maneira mais contundente, é como se o nosso processador estivesse infectado com um vírus que afeta e bloqueia sua capacidade, o que não nos deixa atingir todo nosso potencial cognitivo. Esta é a hipótese que eu gostaria de introduzir aqui: a ideia de que todos nós já somos geniais, criativos e inovadores, mas parece que um jeito equivocado de pensar pode estar nos fazendo menos do que podemos ser. Trata-se de um vírus que reduz a capacidade do nosso programa, afeta nossas mentes e, em consequência disso, todos os nossos agregados: casas, escolas, trabalho e sociedade. A questão é que em algum momento recente o nosso programa saiu do controle e começou a causar sérios problemas. Como toda doença, se quisermos mudar o quadro precisamos tratá--la. E como em todo tratamento, é necessário fazermos um atento diagnóstico para entendermos melhor os reais sintomas e suas causas. Precisamos identificar os padrões e as ligações entre esses problemas para descobrirmos o que está havendo e o porquê de estarmos deixando de alcançar todo o nosso potencial.

Um dos sintomas mais evidentes de que existe algo muito errado com a maneira como estamos pensando é sem dúvida a nossa relação com o planeta, com a nossa própria casa. Uma relação baseada no tirar, transformar e desperdiçar. Estamos à beira de um colapso de vários sistemas naturais. Não existem mais dúvidas quanto ao impacto de nossa influência negativa sobre o planeta. A questão agora é se teremos a capacidade e o tempo para revertermos os danos que continuamos causando. Estamos agindo de modo irresponsável, destruindo os oceanos e dizimando várias outras espécies. Por exemplo, o tubarão, uma espécie que esteve no topo da pirâmide dos oceanos nos últimos 450 milhões de anos, e um dos maiores exemplos de sucesso e adaptação, está sendo praticamente extinto por nossa pesca desenfreada e pelo fato de em algumas culturas acreditar-se que a sopa de barbatana desse peixe possui poderes energéticos e até afrodisíacos. Assim, toda uma indústria ilegal caça os reis de dois terços do planeta, retiram suas barbatanas e os devolvem ainda vivos para o mar. Apesar da barbárie, alguém pode achar que estes sejam problemas isolados, e não perceber as ligações e as consequências que estão por trás desses atos. O fato é que mais da metade do oxigênio que respiramos vem dos oceanos e é produzido por plânctons, microrganismos que são a base da cadeia alimentar nos oceanos. Portanto, quando dizimamos o principal predador dos mares estamos desequilibrando todo o sistema. Já podemos observar que a população de plânctons no planeta vem diminuindo visivelmente ano após ano. O quanto isso é uma consequência direta da ação humana é um motivo de debates para alguns, mas chegar a achar que nossas ações podem ser tratadas de modo isolado é certamente uma indicação de mal processamento.

Interessante notar ainda que o que almejamos em nossa relação com o planeta é uma relação sustentável. Michael Braungart, um dos idealizadores do conceito *Creadle to Creadle* (do berço ao berço), nos pede para imaginar como seria se os nossos parceiros (esposas, maridos, namorados etc.) perguntassem como vai nossa relação com eles e respondêssemos que ela é sustentável. Isso no mínimo seria motivo para uma discussão. Chega a ser engraçado, mas é assim que nos relacionamos com o nosso planeta. E o problema não é necessariamente pelo fato de sermos muitos. Como bem explicado por Braungart:

> *"Se pesássemos a biomassa dos seres humanos do planeta, ou seja, o peso de todos os humanos, e fizéssemos o mesmo com as formigas, outra espécie que tem tanto direito de viver quanto nós, veríamos que a biomassa das formigas é três a quatro vezes superior à nossa. Seria o equivalente a 30 bilhões de pessoas ocupando o planeta, algo que é realmente difícil de imaginar."*

Lembro-me também de já ter ouvido o Ted Turner, fundador da CNN, falar em uma entrevista que o dinheiro gasto em armamentos durante a guerra fria seria suficiente para cada pessoa no planeta viver em um paraíso material. Isso quer dizer que, talvez, a atual crise ambiental não seja causada por sermos muitos, por faltar espaço ou muito menos por causa de dinheiro, mas pelo estilo de vida que desenvolvemos. Nosso estilo de vida atual se baseia no acúmulo de bens – no insaciável e compulsivo desejo de possuir. Como a famosa frase do economista Inglês Tim Jackson, autor do livro *Prosperity without Growth*, resume como nenhuma outra: *"Nós compramos coisas que não precisamos, com dinheiro que não temos, para criar uma imagem que não dura, em pessoas com as quais não nos importamos"*. Nosso estilo de vida se baseia nesta dinâmica materialista. Nossa ideia de crescimento está quase que unicamente ligada à intensidade com que compramos. Uma boa síntese do atual paradigma de consumo foi feita por Jørgen Randers em seu livro, *2052-A Global Forecast for the Next Forty Years*: *"felicidade via crescimento continuo com base em combustíveis fósseis"*.

Estamos sempre comprando, mas nunca estamos satisfeitos. Sempre queremos mais e mais. Criamos a lógica da propaganda e usamos da psicologia para nos seduzir a comprar. Agora não se trata mais do que o produto ou a experiência do serviço representa de fato, mas em como isso nos faz sentir. O tempo todo, e por todos os lados, somos condicionados e treinados a desejar. Bem poucos entre nós são capazes de perceber onde este caminho está nos levando.

Não dá mais para identificar uma rua de um grande centro apenas por uma foto, ou reconhecer a vitrine de uma loja por uma imagem, pois tudo está parecido; tudo tem cara de *shopping center*. É a dominância de um sedutor e inconsequente estilo de vida. Muitas vezes destruindo ricas culturas locais, rotuladas como atrasadas ou "primitivas".

Nenhuma outra ideologia obteve tanto sucesso quanto o consumismo. Nossos armários estão cheios de coisas que não precisamos. Vivemos em uma cultura de obsolescência, em que as coisas não são mais feitas para durar, e sim para impulsionar novas compras. Basta olharmos a nossa relação com os produtos eletrônicos. Há pessoas que passam semanas na fila de uma loja esperando pelo mais novo modelo de um produto que já tem data marcada para se tornar obsoleto. Usamos a tecnologia com base no impulso da compra pela novidade, e não mais por sua utilidade em nossas vidas. Utilizamos a tecnologia como fim, não como meio. Nossas tecnologias chamadas "inteligentes" nos permitem falar com quem está longe, mas parece estar nos inibindo de conversar com quem está perto. É natural que a tecnologia mude nossas interações. O celular não é diferente, ele tem alterado nossos padrões de comportamento individuais e coletivos, em espaços privados e públicos. A questão é que parece que não estamos refletindo se isso tudo está nos deixando melhores, mais livres, mais profundos, mais inteligentes, ou, ao contrário, nos tornando mais distraídos, dependentes e superficiais. Existem muitas pessoas que usam redes sociais para passar aos outros a imagem de um estilo de vida que elas gostariam de levar. Como se não mais estivessem em algum lugar ou momento, mas apenas realizassem uma cobertura jornalística de si mesmas, elas estão ocupadas em serem suas próprias agências de comunicação para compartilhar uma ideia de felicidade que gostariam de ter. Em muitos casos, se utilizam de tamanha qualidade de efeitos de produção gráfica que são capazes de distorcer completamente o registro real, seja de pessoas ou qualquer outro motivo do registro. Ao ponto de estarmos nos acostumando a dar um 'desconto' sobre o que o mundo digital está "vendendo" e o que encontramos com os nossos próprios olhos.

Como toda essa revolução digital vem acontecendo cada vez mais rápido, nosso próprio corpo não está acostumado. Veja, por exemplo, a quantidade de luz que recebemos diariamente pelos monitores de nossos novos dispositivos tecnológicos, e que tem provocado problemas de insônia; ou até mesmo o impacto emocional causado por um simples e-mail recebido no trabalho onde, de alguma maneira, alguém discorda ou reduz a importância de nossa opinião copiando várias outras pessoas. Isto nos provoca uma imensa raiva e nosso corpo é bombardeado por toxinas, produzidas para garantir força extra para fugir de um animal ou subir em uma árvore. Bem, a mesma carga de adrenalina que até pouco tempo era liberada em nossas veias para fugir de um animal e realizar atividades físicas mais extremas está sendo bombeada por causa de uma frase em algum monitor na frente da cadeira em que ficamos sentados o dia inteiro. No trabalho também existem sintomas que precisamos considerar se quisermos fazer um bom diagnóstico desse vírus que se instalou em nossa maneira de pensar. Na maioria dos casos, nosso trabalho se resume à repetição de tarefas, ao preenchimento de *templates* ou à busca por respostas sem que sejam feitas as perguntas certas. Parecemos cada vez mais ocupados, porém, com a sensação de estarmos com menos tempo para pensar. Em praticamente todas as organizações faltam salas para as infinitas e frustrantes reuniões nas quais praticamente nada que seja de fato novo e original é dito, pois a maior parte do tempo é gasta na afirmação dos poderes e em apresentações terrivelmente chatas de dados que nos informam quantificações de uma realidade, mas nada nos dizem sobre as variáveis capazes de mudar a realidade ou o atual contexto da empresa. Criamos processos para ganhar escala, mas parece que estamos dependentes de processos. Ou melhor, o poder do trabalho parece ter saído das mãos das pessoas e migrado na direção dos processos. Poucos de nós conseguem realmente encarar uma folha em branco, enfrentar um problema sem usar *cases* ou *benchmarks* e sem pegar algum tipo de carona intelectual.

As pessoas até querem inovar e pensar algo diferente, mas não mais o conseguem uma vez que as estruturas burocráticas, em especial em grandes organizações, não mais o permitem. E assim, um sentimento de total insignificância paira no ar e causa enorme frustração. Contudo, o mais grave sintoma que se revela em nossos ambientes de trabalho atualmente parece ser a perda da curiosidade – a perda da vontade de aprender.

Também aceitamos uma lógica linear à qual costumo me referir como a "lógica do mais": a ideia de que para fazer mais coisas precisamos de mais pessoas; para fazer algo com melhor qualidade precisamos de mais tempo; para fazer mais rápido precisamos de mais estresse; e de que se quisermos um grande resultado temos de fazer um grande investimento. Ou seja, uma noção de que sempre precisamos de mais para ter mais. Outras vezes, criamos conceitos e ferramentas que até são úteis, entretanto, não sabemos quando parar de usá-las. Esse é um claro sintoma de que não estamos sendo sensíveis para distinguir quando utilizar algo e quando não fazê-lo. Para deixar mais claro, um bom exemplo é o conceito de média. Esta é uma formulação estatística bastante conhecida nas organizações: a média de idade, a média de preço etc. Costumo brincar em algumas reuniões dizendo que se, por exemplo, o homem mais rico do mundo, entrasse naquela sala naquele momento, na média todos ficaríamos milionários. Todos riem e acham engraçado, pois, apesar de aplicar o conceito de média corretamente, todos sabem que isso não mudaria a vida de ninguém. Porém, é assim que tratamos assuntos como, por exemplo, a educação, a saúde e a violência em nossa sociedade. Quase sempre tratamos desses assuntos nos relacionando com a média, de maneira fria e distante dos inúmeros casos reais. Nosso atual programa também desenvolveu um método para resolver conflitos. Ele também é bastante conhecido e o aplicamos em quase todas as situações: em nossas casas, nas escolas, nas empresas e até na escolha de nossos governantes: a votação. A maneira mais sofisticada que nosso programa possui para, em conjectura, seguir em frente em situações onde existem mais de uma opção é a conhecida regra da maioria. O que, comparado aos avanços intelectuais nas artes e ciências, parece algo muitíssimo atrasado. Trata-se um exemplo de violência intelectual que o nosso programa nos impinge, e raramente nos questionamos se este é de fato o único caminho.

 E, por falar em violência, o grau que presenciamos em nossa sociedade também parece um sintoma do mesmo vírus. Observamos violência em todos os níveis e em todas as relações: violência contra a natureza, contra outras espécies, em nossas casas, em nossas escolas e em nossas ruas. Presenciamos atos violentos até contra nossas crianças.

Alguém pode olhar para isso de forma completamente isolada, mas eu gostaria de considerar a hipótese de que todos esses sintomas estão interligados. A negação do uso do nosso potencial criativo, que acontece todos os dias em nossas casas, nas escolas, no trabalho e na sociedade, possui um efeito acumulativo que explode e toma forma na quantidade de violência que presenciamos. Os índices de frustração, depressão e suicídio não param de crescer e chegam a níveis de epidemia. Parece que estamos em meio a uma grande crise – uma crise de sentido. Não sabemos mais onde nos encaixamos em praticamente nada e presenciamos grupos a favor e contra quase tudo. Ou seja, tudo nos diz que somos apenas um número em uma sociedade confusa.

E quando especulamos sobre o futuro próximo, não vislumbramos um cenário muito melhor, pelo contrário. Em seu livro *2052*, Jørgen Randers faz um fantástico trabalho de análise combinada de dados históricos em várias áreas, como ecologia, energia, alimentação, população e economia, para indicar uma visão do que provavelmente acontecerá nos próximos quarenta anos. Claro que se trata de uma especulação, muito bem embasada, mas ainda uma especulação do que pode vir a acontecer – um cenário bastante alarmante. Tudo indica que teremos um planeta mais poluído, onde grande parte de nossos esforços será direcionada à adaptação às novas e extremas condições climáticas. Randers indica que, se tudo continuar como está se desenhando, nos próximos quarenta anos a produção de comida será também impactada pelas novas condições climáticas e teremos ainda bilhões de pessoas passando fome. Reduziremos o número de acidentes de carros, mas teremos cada vez mais pessoas sofrendo com doenças e distúrbios mentais. Seremos uma população mais velha e provavelmente mais pobre, já que não manteremos as mesmas taxas de crescimento econômico à medida que os recursos forem ficando mais escassos.

Randers ainda explica que este não é o cenário que ele gostaria que acontecesse, mas é o que ele enxerga como o mais provável. E ele nos dá duas razões para não acreditar que veremos uma solução na escala e urgência necessárias para mudar seu exercício de projeção futura. A primeira é a lentidão na tomada de decisão dos sistemas políticos que temos atualmente; a segunda, a visão de "custo-benefício", leia-se "do mais barato", que permeia as economias de mercado. Ou seja, é bem provável que as economias não invistam o dinheiro necessário para produzir mudanças antes de começarem a sofrer sérias consequências. Claro que existem novas e inúmeras tecnologias que poderão nos ajudar bastante a reverter esse possível cenário. Além disso, existem também novos modelos de consumo que se baseiam na lógica de que os recursos do planeta são finitos. Certamente a tecnologia tem esse potencial, porém, de maneira fundamental, a tecnologia irá fazer o que o nosso programa disser para ela fazer. O programa é a fonte de todos os problemas. Às vezes tentamos corrigir as coisas, mas pelo fato de utilizarmos o mesmo jeito de pensar que criou o problema, acabamos piorando ainda mais as coisas. O movimento em direção às partes foi, e ainda é, muito útil para nos ajudar a resolver problemas, mas quando esse movimento se transforma em nossa visão de mundo ele deixa de ser útil e se torna destrutivo.

Bohm também pensou muito sobre esses assuntos e, para ele, todos esses sintomas emergem de uma mesma causa: a fragmentação do nosso modo pensar. Fragmentar significa quebrar algo em pedaços tão pequenos que nos tornamos incapazes de perceber novamente o todo. Para isso ele usava a antiga metáfora do relógio: se a totalidade fosse um relógio, o que fizemos foi o equivalente a bater nele com um martelo. E com tanta força que conseguimos observar os pequenos pedaços, mas não somos capazes de saber onde eles se encaixam. A perda de sentido é exatamente uma consequência do sentimento de insignificância causado por tal fragmentação. Seu oposto, o *enlightenment* – ou despertar –, se dá exatamente quando nos conectamos com algo maior que nós. Um conceito bastante familiar no taoismo e em várias religiões.

Eu acredito que Bohm foi quem nos ofereceu um diagnóstico mais apropriado para a atual crise de sentido em que nos encontramos. Acredito que ele matou a charada, quando disse: *"O problema é que nós pensamos que o que pensamos é a realidade"*. Ou seja, nosso pensamento nos controla com suas versões da realidade e, depois, nos ilude dizendo que está apenas reportando o mundo lá fora. Veja a noção, por exemplo, de que o planeta é dividido em nações, um país é dividido em estados, ou uma empresa é dividida em departamentos. Estes são conceitos sobre os quais nossos pensamentos estão dizendo que "é assim," quando na verdade "nada é assim." Eles são conceitos que nós criamos. Quando viajamos de carro de um estado para outro, se não fosse a placa nos alertando para a mudança não perceberíamos; quando um astronauta olha para o planeta a partir do espaço ele não "vê" as linhas que dividem os países; do mesmo modo, quando passeamos em uma empresa vemos pessoas trabalhando, mas não as divisões entre os departamentos. É óbvio que estamos forçando divisões artificiais e nosso pensamento está nos iludindo ao dizer que a realidade "é assim."

Nada nesses exemplos é fundamentalmente "assim." Estas são versões que criamos da realidade e, então, o hábito e a nossa cultura se encarregam de nos fazer aceitar como real. Raramente somos críticos o bastante para perceber isso; raramente somos capazes de considerar outros jeitos de pensar, de duvidar do que o nosso próprio programa nos diz.

Nosso modo de pensar, nossas visões de mundo e nossos paradigmas são muito poderosos. Eles representam o programa mãe que alimenta todos os outros. Porém, o nosso jeito de pensar precisa evoluir; precisamos abandonar a ideia de observadores e voltar a ser participantes. Não estamos no trânsito, nós somos o trânsito; não estamos na empresa, somos a empresa. Como em um holograma, a noção de separação de nossas abstrações é ilusória. A ideia fundamental que este livro tenta sugerir é um jeito holográfico de inovar, que se move em uma direção contrária a essa destrutiva fragmentação do pensamento. Trata-se de um movimento em direção à totalidade, ao que une, ao que existe em comum, ao que é fundamental, não ao que nos divide. Por exemplo, quando uma pessoa que viaja pouco é exposta a outras culturas, ela tende a reconhecer as diferenças, a perceber os detalhes que não são comuns ao seu próprio contexto. Porém, quem viaja muito, e já passou por esse estágio de entender o peso das diferenças culturais, começa a perceber as similaridades, o que há de comum entre as culturas. Começa a perceber que quando o olhar é mais profundo, o ser humano é bem mais parecido do que diferente. Que existem coisas que nos são fundamentais, como a família, o trabalho, o dinheiro, a segurança, o amor, o sexo e a celebração, entre outras. Ou seja, em uma dimensão mais profunda pode ser possível a existência de um jeito holográfico de inovar, que navega na contramão do nosso impulso natural de fragmentar e dividir, e busca o que une, o que é comum e o que é essencial.

David Bohm já ressaltava a importância de prestarmos atenção na maneira como percebemos as coisas. Para ele a percepção é um processo dinâmico e ativo: *"Estamos constantemente fazendo coisas e vendo o que acontece"*. Para deixar mais claro ele sugere a seguinte suposição: imagine que estamos observando um objeto circular e sólido, e que à medida em que nos aproximamos dele percebemos que se parece com uma elipse, uma vez que o estamos observando em perspectiva. Nós sabemos tratar-se de diferentes aspectos ou aparências do círculo. Dizemos então que o círculo é a essência e a elipse é uma aparência. Mas então encontramos um cientista e ele nos diz que o círculo também é uma aparência, pois é feito de átomos. Ele nos diz que, na verdade, o que observamos são átomos se movendo e que são eles que representam a essência. Daí outros cientistas aparecem e nos dizem que os átomos também são aparências; eles afirmam que os átomos são feitos de objetos ainda menores, e que a verdadeira essência são os *quarks*. Depois ouvimos que, na realidade, a essência está nos campos de energia, e assim por diante. Bohm conclui então que estamos sempre tentando chegar a uma teoria que explique tudo. Contudo, parece que essa teoria está sempre recuando e, por isso, nossos pensamentos são na verdade aparências – o modo como as coisas aparecem para nossas mentes. Combinando as muitas aparências de um objeto nós entendemos o objeto, como um estereoscópio onde duas imagens combinadas criam a aparência de três dimensões. Assim, quanto mais aspectos ou aparências conseguimos integrar de forma coerente, mais profundo será nosso entendimento da realidade. A essência, ou a verdade absoluta, nós nunca conseguiremos capturar, uma vez que ela é ilimitada. E, por conseguinte, todo ponto de vista e toda aparência é limitada. Para Bohm, nossas teorias não fornecem o conhecimento final sobre algo, mas um jeito de percebê-lo. *"A própria palavra teoria em grego significa, e tem a mesma raiz, que a palavra teatro. Trata-se de um tipo de teatro da mente que fornece um insight, um jeito de olhar."*

Bohm acredita que a ciência está fundamentalmente envolvida em uma atividade de percepção, não em ganhar conhecimento. Este surge como um subproduto. Ele afirma que deveríamos nos esforçar para fazer uma distinção entre aparências corretas e coerentes em comparação com as aparências incorretas ou ilusórias. Se uma aparência é coerente ela é, de alguma forma, relacionada com a realidade.

Quando observamos os problemas mencionados neste capítulo, como por exemplo a crise ambiental, o consumismo desenfreado, a má distribuição de recursos ou a violência, percebemos que todos são problemas coletivos que teremos de resolver em conjunto. Para isso, fica claro que teremos de fazer uma atualização do programa mestre.

Da mesma forma que um jeito incoerente de pensar infectou nossas mentes e se tornou a causa fundamental da maioria de nossos problemas, um modo mais sofisticado poderá corrigir muita coisa. Ao mudarmos o programa alteramos tudo. Mas, para isso, precisamos primeiro acreditar. Em assuntos dessa natureza não dá para sermos seguidores de São Tomé – aquele que precisa ver para crer. Para inovar coletivamente precisaremos construir juntos nossa visão de futuro e crer que será possível alcançá-la. Precisamos crer antes de ver, mobilizar e contagiar os outros com um novo jeito de pensar e, assim, redesenhar nossa realidade em sintonia com o holomovimento. Precisamos lembrar que todos nós temos muito potencial. Criatividade é um recurso abundante, todos nascemos geniais, mas nos distanciamos disso. Certamente um caminho é reinstalar versões mais antigas do programa. Ou seja, voltar a pensar um pouco mais como nossas crianças. O programa delas possui a curiosidade, sensibilidade, ingenuidade, honestidade e humildade necessárias. Suas lógicas são abertas e, como estão no modo de aprendizado, tudo se conecta com tudo. Outro dia ouvi uma história de uma mãe com sua filha de cinco ou seis anos. Esta lhe pedia que comprasse algo, então a mãe se utilizou de uma conhecida expressão na frente de outros adultos, e perguntou: *"Você acha que dinheiro nasce em árvores?"* Então a filha respondeu prontamente:

"*Sim,*" e continuou, "*dinheiro é de papel, papel vem da madeira, madeira vem das árvores*". Isso representa uma visão ampliada de causalidade e precisamos aprender com isso. Às vezes ficamos obcecados atrás das soluções e nos esquecemos de perceber a amplitude das conexões. Eu acredito que a boa notícia é que não precisamos de novos métodos ou técnicas para nada; praticamente não precisamos nem sair correndo atrás das soluções, elas já estão todas na nossa cara, mas estamos incapacitados de percebê-las. Talvez precisemos apenas prestar atenção nas incoerências no modo como estamos pensando. Iremos perceber as soluções quando estivermos prontos. Este é o caminho da Inovação Holográfica que continuaremos a explorar no próximo capítulo.

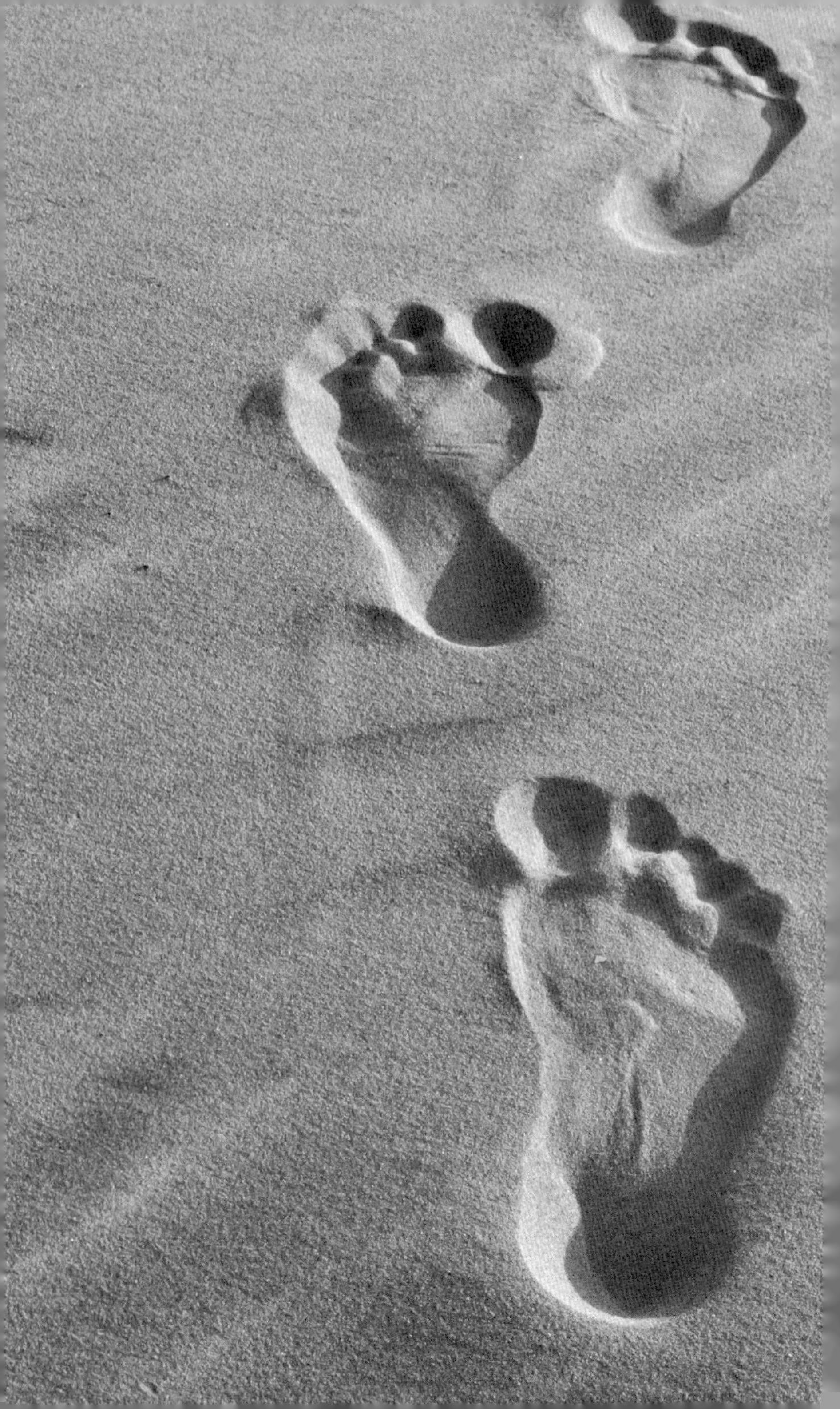

3. A Lei do Esforço Reverso

> *"Aqueles que não são possuídos por nada, possuem tudo."*
> Morihei Ueshiba

Quando eu era adolescente, tive um professor que, distintamente dos demais, usava um método de ensino diferente e que me chamava muita atenção. Em uma sala cheia de alunos, onde a maioria dos professores tinha sempre muita dificuldade para conseguir dar aula, onde a classe era considerada uma turma "problema", esse professor de ciências era o único que conseguia ensinar com total tranquilidade. De alguma forma a sua calma tranquilizava todos os alunos e, mesmo falando baixo e sem cobrar nada, ele conseguia ensinar tudo magnificamente. Era como se ele não fosse um professor distante, mas sua autoridade viesse de algum tipo de proximidade e cumplicidade; como se o poder dele fosse de outra natureza. Esse "método alternativo," "gentil" e sem o uso da punição ficou sempre em minha memória – como alguém podia alcançar tal resultado de modo tão leve, natural e, praticamente, sem esforço?

Algo similar também pode ser encontrado no Aikidô, a arte marcial japonesa desenvolvida pelo *Ōsensei* Morihei Ueshiba no final dos anos vinte. A intenção dele foi criar uma arte marcial com a qual os praticantes pudessem se defender e, ao mesmo tempo, protegesse quem os atacasse. Para ele, *"ferir um oponente é ferir a si mesmo"*. Como uma dança, o aikidô explora os espaços vazios e redireciona o movimento do oponente contra ele mesmo – sempre com o objetivo de frear o conflito. Novamente, talvez a mais eficiente das artes marciais seja caracterizada por um ideal de harmonia e do não conflito.

O senso comum é de que se uma turma está fazendo barulho, o professor fale alto para conter o barulho; de que quando estamos nos defendendo não nos preocupamos em evitar lesões naquele que nos ataca. Entretanto, esses exemplos contraintuitivos sempre me chamaram a atenção. Por que, às vezes, alcançamos fantásticos resultados trilhando caminhos conceituais completamente distintos do senso comum? Por que – como na frase atribuída a Sócrates (*"Eu sou o homem mais sábio vivo, pois sei de uma coisa, e esta coisa é que não sei de nada"*) – o homem mais inteligente é aquele que reconhece sua ignorância?

Ou ainda, em um exemplo oriundo da religião, por que a base dos ensinamentos de Jesus para a convivência humana não consistia em amar apenas a quem nos ama, mas aqueles que nos odeiam, e em sempre valorizar os pobres e humildes em vez de os ricos e famosos? E mais, por que as vezes alcançamos um objetivo, ou encontramos a solução para algum desafio, seguindo por caminhos que vão contra a nossa intuição, contra o senso comum? Qual a real essência dessa via alternativa?

Após anos de busca, descobri que esse caminho conceitual contraintuitivo está relacionado àquilo que o filósofo e escritor inglês Aldous Huxley chamou de "A lei do esforço reverso", algo que ele descreve como:

"Quanto mais nós desejamos e tentamos fazer algo, menos teremos sucesso. Proficiência e os resultados dela vêm

apenas para aqueles que tenham aprendido a paradoxal arte do agir e não agir, ou que combinam relaxamento e atividade, que se deixam como pessoa para que o imanente e transcendente desconhecido assuma o controle. Nós não podemos nos fazer entender. O máximo que conseguimos é fomentar um estado de espirito onde o entendimento possa vir até nós".

Certamente Huxley estava falando de algo bem diferente dos métodos convencionais que buscam por soluções "à força" – de modo linear e sem sensibilidade para sutilezas.

A lei do esforço reverso sugere um tipo diferente de poder, que chega a soluções por outra via e está além das ferramentas. Que implica primariamente em autoconhecimento e não separação do contexto.

Uma interessante analogia feita por David Peat é a de um nadador em um oceano que se mantém flutuando não por fazer movimentos bruscos, mas por se manter em harmonia com o mar através de movimentos mínimos com os braços e pernas. A isso Peat chama de "ação gentil". Um tipo de estado de espirito capaz de elevar nossa sensibilidade, de nos fazer ver como parte do sistema com o qual estamos lidando, e que, por um caminho completamente distinto, nos permite alcançar os maiores resultados utilizando o mínimo de esforço.

Talvez nem todo mundo esteja preparado para aplicar a lei do esforço reverso. Saber a hora de agir e, principalmente, de não agir requer um grau de autoconfiança que só é alcançado por aqueles que já tentaram vários caminhos e diversas técnicas, e chegaram a um nível de percepção que os faz agir de um jeito diferente. Esse estágio não significa necessariamente mais tempo ou idade. Mas para os que atingiram representa um patamar de segurança de suas forças, e compreensão do que sabem e também do que não sabem. Isso é algo bastante difícil de descrever, mas fácil de ser percebido em pessoas que atingiram tamanha maestria em alguma coisa que tudo o que fazem parece vir de dentro, como se surgisse de forma espontânea, natural e quase sem esforço.

Há uma história bastante conhecida que reflete um pouco o que estamos abordando. No início da guerra fria e da corrida espacial, o programa espacial norte-americano escolhia os melhores pilotos militares para serem astronautas. Esses poucos escolhidos eram os superpilotos, o *"crème de la crème"*. Contudo, sempre havia uma decisão importante que determinava qual deles deveria ser o líder da missão.

Historiadores militares contam que após todos os testes físicos e cognitivos ultrarrigorosos, havia um teste final determinante que consistia basicamente em uma rápida conversa entre cada candidato a líder da missão com os experientes astronautas, conhecidos como os *"Mercury 7"*. Mesmo que os testes físicos e cognitivos indicassem que este ou aquele profissional deveria ser o líder da missão, a decisão dos astronautas mais velhos prevalecia. O processo por meio do qual eles escolhiam quem deveria ser o líder da missão era explicado por eles de uma forma bastante misteriosa. Após a conversa com os candidatos eles indicavam de maneira unânime quem deveria ser o líder. Para eles o líder era sempre o que tivesse o que eles chamavam de *"the right stuff"*, ou "a coisa certa e única" que o tornava um líder. Eles não explicavam muito bem quais critérios eles usavam em sua decisão, mas, certamente, aplicavam um auto grau de sensibilidade para perceber a natureza de cada candidato. Eles eram capazes de perceber de forma rápida a autossegurança, a coragem e o heroísmo necessários para que alguém fosse o líder da missão e os detectavam na maneira de andar, sentar e falar de cada candidato. Os astronautas mais velhos, que pertenceram ao primeiro programa espacial norte-americano, chamado *Mercury*, vislumbravam o poder interno de cada candidato. Talvez, o *"right stuff"* – ou ingrediente misterioso – seja a autossegurança, o domínio que o candidato escolhido teve da situação, a naturalidade, o conhecimento de suas próprias capacidades e fraquezas, a calma e a tranquilidade para escolher quando falar e quando não falar, quando agir ou não agir.

Porém, não precisamos observar apenas astronautas para enxergar exemplos dessa sensibilidade apurada. Em seu livro *"Blackfoot Physics"*, David Peat narra uma interessante história sobre a compreensão de quando é o momento correto para agir e não agir. Ele conta que uma das primeiras atividades do Fetzer Institute nos Estados Unidos foi organizar encontros entre anciões indígenas norte-americanos e cientistas. E, em uma das primeiras reuniões os anciões disseram que iriam realizar um tipo de cerimônia do cachimbo. Assim, os cientistas se prepararam e acordaram bem cedo para assisti-la, mas os índios não apareceram. O tempo passou e quando os cientistas estavam quase indo embora os índios de repente os chamaram dizendo que finalmente iriam dar início à tal cerimonia. Quando perguntados o motivo do atraso eles disseram: *"O tempo não estava certo"*. Para eles, o tempo possui esse tipo de qualidade que precisa ser respeitada – é preciso esperar e suspender a ação até que "o tempo esteja correto".

Portanto, seguir a lei do esforço reverso implica em não estar condicionado a fazer as coisas no automático, a *ter* de falar ou agir. Representa a sensibilidade para escolher quando é a hora certa para atuar no sistema.

Acredito que a Inovação Holográfica é um caminho que respeita a Lei do Esforço Reverso. Esta é sua forma de agir – implica diretamente em uma evolução do grau de percepção e sensibilidade para que se entendam as mínimas nuances e os fluxos dos sistemas naturais ou artificiais envolvidos. Representa um jeito alternativo e gentil de pensar criativamente e propor inovações. Um desprendimento e a liberdade para questionar tudo e todos, com o poder para escolher a ação e a hora mais adequada. A inovação holográfica segue o sutil caminho do "poder da borboleta", um conceito fundamental da teoria do caos que sugere que as pequenas coisas importam. Que causas aparentemente insignificantes podem fazer toda a diferença com o passar do tempo. Trata-se de um elevado grau de sensibilidade que pode nos fazer perceber o padrão de interação entre os agentes.

Como vimos no primeiro capítulo, um holograma representa um registro do padrão de interferências de ondas de luz em uma superfície holográfica. Do mesmo modo, qualquer sistema composto por agentes interativos, quer seja uma equipe esportiva, uma empresa ou uma sociedade, possui um padrão de interação entre seus agentes. Nesses casos, podemos entender um padrão de interação como a forma como as pessoas interagem, as dinâmicas e sincronias entre elas. Um bom contexto para perceber isso é na competição entre equipes de esportes coletivos. Às vezes, uma equipe possui muito talento individual, mas não ganha o campeonato porque o padrão de interação entre seus jogadores não é o mais adequado. Em outros casos, equipes ditas "inferiores tecnicamente" conseguem ganhar devido ao eficiente padrão de interação alcançado por seus jogadores. Há casos ainda, onde um time vai mal, mas após uma mudança de técnico a mesma equipe obtém resultados notoriamente superiores. De alguma maneira o novo técnico alterou o padrão de interação daquela equipe. Um padrão de interação eficiente, neste caso, é quando o todo é maior que as partes; é quando existe tamanha sincronia e cumplicidade entre os jogadores que eles parecem agir como um único organismo capaz de se adaptar ao contexto de competição juntamente com os outros organismos que estão tentando fazer o mesmo. Aprendizado, adaptação e auto-organização são as funções complexas que um sistema inteligente precisa realizar para ter sucesso, independentemente de estarmos falando do mundo natural, de equipes esportivas ou de empresas.

Parece que a inteligência de qualquer sistema não reside necessariamente em suas partes ou em seus agentes, mas no padrão como essas partes e esses agentes interferem uns nos outros, interagem e se auto-organizam para se adaptarem às mudanças do contexto. Muitas empresas investem bastante energia e recursos na contratação de pessoas, na infraestrutura física e em tecnologia, mas esquecem de prestar atenção às dinâmicas de interação entre as pessoas. O padrão de interação de uma casa, de uma empresa e até de uma sociedade é o lado tangível da cultura; é por onde a cultura se manifesta e onde os significados, as emoções e as intensões circulam.

Então, o que seria entender um sistema ou uma comunidade de agentes como um holograma? Como seria se cada parte, cada agente, tivesse entendimento da totalidade do sistema? Como seria uma empresa se a informação estivesse distribuída a tal ponto que tanto o CEO como o estagiário tivessem a mesma clareza de entendimento das funções dessa companhia? Clareza do contexto, do propósito e dos papéis que cada pessoa possui? Isto seria o equivalente a uma multiplicação de olhos, uma multiplicação de mentes. Este é um conceito conhecido no estudo dos sistemas dinâmicos como *Swarming Behavior*. Um efeito de enxame que emerge quando uma população de agentes interativos alcança um objetivo comum por meio da profunda cooperação. A emergência de algo coletivamente maior é uma consequência do padrão de interferência entre as partes. Esse é um fenômeno que estamos acostumados a observar em cardumes de peixes, em bandos de pássaros, em abelhas e formigas. Há algo realmente extraordinário aqui. Uma formiga tem uma capacidade de processamento bastante limitada, com um pequeno cérebro contendo cerca de duzentos e cinquenta mil células nervosas. Mas, apesar da limitação "intelectual" de cada indivíduo, coletivamente essa espécie tem grande inteligência. E, aqui, ao falar de inteligência estou querendo dizer a capacidade de se adaptar. Bem, há colônias de formigas tão grandes que podem alcançar a capacidade de processamento de mais de 100 bilhões de células nervosas, o equivalente a uma mente humana. Essa capacidade de processamento do meta-agente formigueiro é responsável por fantásticas soluções adaptativas como, por exemplo, um sistema de comunicação extremamente sofisticado e sistemas de túneis e ventilação debaixo da terra capazes de fazer inveja à nossa melhor arquitetura e engenharia. Mas talvez a capacidade ainda mais impressionante alcançada por um formigueiro seja a agricultura. Sim, as formigas são ótimas fazendeiras, pois cultivam culturas de fungos e pulgões para planejar e produzir sua própria comida.

Geralmente, as regras que os indivíduos de uma população obedecem, e que possibilitam os complexos padrões de interação *swarms* em animais como peixes e pássaros, são relativamente simples. Os indivíduos têm uma tendência para seguir os outros que estão mais próximos, mantendo uma certa distância entre eles, mas não existe um peixe ou pássaro dizendo aonde os outros devem ir. A sincronia não é coreografada, mas emerge do sistema. Segundo o biólogo Ian Couzin, um dos maiores especialistas em simulações computacionais de *swarms*, *"o comportamento coordenado coletivo é um efeito das interações entre os indivíduos"*.

Se abstrairmos aqui, todos nós vivemos padrões de interações em nossas casas, nas escolas, no trabalho, no trânsito e na sociedade. Nós mesmos formamos nossos meta-agentes. Por exemplo, um dos maiores problemas em nossas megacidades é o transito. Em geral, demonstramos uma tendência a dizer que "estamos no trânsito" (o que talvez seja o motivo mais comum para o atraso em reuniões de trabalho). Entretanto, se pensarmos bem, nós não estamos no trânsito – nós somos o trânsito. Nós somos nossas casas, nossas empresas, nossa cidade e assim por diante. Nós criamos nossos meta-agentes por meio dos nossos padrões de interação. E, da mesma maneira, nossas interações nos formam. Nós somos influenciados por nossas casas, escolas, empresas, cidades etc. Um livro que lemos, por exemplo, representa um padrão de interferência, de interação; é um contato com um autor, com outro jeito de pensar. Este é o sentido de estar dentro do holograma. Você não observa mais as separações, mas está completamente imerso na totalidade. Você não é mais observador de nada, e sim um importante partícipe. O caminho da Inovação Holográfica é o caminho da Lei do Esforço Reverso, que não busca soluções à força, mas representa o caminho gentil, natural e espontâneo; que tem paciência para entender o que o sistema está querendo dizer; tem tranquilidade para resolver o desafio, pois sabe que a solução aparecerá quando estivermos prontos para vê-la. E que não tem medo do caos, pois o entende não como a falta de ordem, mas como o berço de novas ordens. Mas como podemos ir ainda mais fundo? Além da direção da Lei do Esforço Reverso, quais movimentos direcionadores poderiam nos ajudar a criar de um jeito mais profundo? Quais os ingredientes necessários para alcançarmos Inovações Holográficas? Quais princípios conceituais estariam implícitos nesse conceito? Estas são ótimas perguntas nesse momento, e realmente demandam uma atenção especial.

Gostaria de sugerir agora seis movimentos – seis fluxos atitudinais. De fato, inexiste qualquer ordem de prioridade entre eles, portanto, eles não deveriam ser vistos como separados, mas como seis aspectos de um mesmo tipo de atitude individual e coletiva para seguirmos na direção da Inovação Holográfica. Alguns deles podem ser até contraditórios, mas, ainda assim, devem ser vistos como complementares; como se fossem seis ângulos de um mesmo prisma.

O primeiro movimento que eu gostaria de sugerir é *O Movimento de Compaixão*. Nas primeiras linhas de sua autobiografia o grande filósofo, matemático, historiador e pacifista Inglês Bertrand Russell, que faleceu aos 97 anos, escreve o que para ele resume sua vida. Ele diz: *"Três paixões, simples, mas imensamente fortes, têm governado minha vida: o desejo por amor, a busca por conhecimento e a insuportável dor para com o sofrimento humano."*

Quem conhece um pouco da vida de Russell, jamais pôde duvidar de sua sinceridade ao escrever essas linhas no prefácio desse livro, pois ele foi casado quatro vezes (além de ter mantido alguns outros romances); ganhou o Nobel de Literatura e foi o criador da lógica simbólica, a fundamentação matemática que proporcionou a teoria da computação moderna; ele foi ainda o orientador do filósofo Ludwig Wittgenstein. Poderíamos escrever um livro inteiro apenas relatando os feitos de Russell, mas o que mais me impacta nesse resumo de sua vida é o relato de sua dor pelo sofrimento do ser humano. Pois, ao meu ver, é exatamente aqui que ele demonstra sua compaixão. Esse movimento está relacionado a isso, à capacidade de sentir a dor do outro. Bohm dizia que a raiz da palavra compaixão vem da ideia de "sentir junto". Para ele *"se as pessoas tivessem os mesmos sentimentos, sentissem juntas as mesmas emoções e fossem responsáveis umas pelas outras, nós teríamos compaixão"*. Nosso atual programa-paradigma nos acostumou à quantidade e velocidade de informações, mas, na maioria dos casos, vem nos deixando anestesiados e insensíveis à dor do outro. Todavia, sem compaixão nenhum *design* ou nenhuma tentativa de inovação terá sucesso real. Sem compaixão, talvez nem devêssemos pensar no futuro. Outro importante movimento que eu acredito fazer parte da ideia da inovação holográfica é *O Movimento da Curiosidade*. Talvez este seja o movimento mais básico e natural para aqueles que se aventuram na exploração do desconhecido. Curiosidade é o que nos impulsiona a fazer a coisa mais importante de nossas vidas – aprender. Nossas maiores descobertas cientificas, nossas inovações mais radicais, nossas carreiras, todas têm origem em nossa curiosidade. A curiosidade nasce das dúvidas, das incertezas que nos incomodam e nos levam a questionar. O grande cartunista e escritor Millor Fernandes dizia que *"Se você não tem dúvida, é porque está muito mal informado"*.

Um ancião com curiosidade se torna jovem, um jovem sem curiosidade se torna velho. Curiosidade é uma fonte de juventude que nos mantém como crianças. Trata-se da coisa mais poderosa que possuímos. Einstein dizia *"não possuo nada de especial, nenhum talento, apenas sou apaixonadamente curioso"*. Mas curiosidade é uma chama que precisa ser mantida acesa e alimentada. Todos nós nascemos cheios de curiosidade, mas o paradigma mecânico-reducionista nos fornece falsas certezas, ideias e sequências pré-fabricadas, que impedem nossos questionamentos naturais. Assim, ele tem nos tornado menos do que verdadeiramente somos; tem nos apagado a chama e nos tirado a vida. A coisa mais valiosa e importante que um pai pode fazer para um filho, que um professor pode fazer para um aluno, que um líder pode fazer para um liderado, é aumentar a sua curiosidade. Assim, acredito que a inovação holográfica só pode ser alcançada pelos que estão repletos da chama da curiosidade, cheios de vida em uma jornada que não tem fim. Como bem colocava o grande Educador Paulo Freire *"Ninguém ignora tudo. Ninguém sabe tudo. Todos nós sabemos alguma coisa. Todos nós ignoramos alguma coisa. Por isso aprendemos sempre."*

Outro movimento fundamental para a inovação holográfica, e que anda de mãos dadas com a curiosidade, é *O Movimento da Rebeldia*. Ele está na atitude de não se conformar, de não adotar um único jeito de pensar, mas ter a liberdade para, se preciso, contrariar as normas. A rebeldia é responsável pelo caos criativo; é aquilo que abre a porta para uma nova ordem. Existe certamente a rebeldia oportunista, que finge se passar por algo coletivo, mas é guiada por razões individualistas e, em geral, é descoberta. Contudo, há também a rebeldia íntegra, que vem de dentro. Ela não tem pose nem busca a fama, mas é natural dos que não se acomodam e acreditam que alguma situação específica pode ser melhorada. Os rebeldes possuem uma inquietude natural e construtiva para observar o que ainda não está suficientemente bom. Eles estão dispostos a se aventurar em um novo caminho. Inovações nascem de confusões, de paradoxos, e os rebeldes são especialistas nesse assunto. Em qualquer grupo, devemos muito aos nossos rebeldes. Eles são nossa linha de frente; são os que nadam contra a correnteza. A coragem para provocar uma mudança de ordem é a essência da rebeldia sobre a qual estamos falando. Temos exemplos dessa rebeldia intelectual por todos os lados, e em tudo o que fazemos. Em todas as nossas manifestações – nas artes, na ciência, nos esportes, em nossas escolas, empresas e cultura – observamos exemplos dessa coragem para nos arriscarmos a tentar algo diferente e melhor. A rebeldia de que estamos falando é a que provoca o nascimento de um novo jeito de ver, de uma nova hipótese e/ou nova ordem, e é por isso que este movimento é tão necessário para a Inovação Holográfica.

Um quarto movimento que eu gostaria de indicar para a Inovação Holográfica é *O Movimento da Humildade*, um conceito relativamente simples de compreender, mas difícil de internalizar. De modo fundamental, estamos falando de um tipo de atitude e de comportamento que nasce do profundo reconhecimento do quão imensos e complexos são os sistemas aos quais pertencemos, e do quão pouco sabemos sobre eles. Um entendimento e uma sensibilidade que nos mostram que não somos mais importantes que nenhum outro agente. Que todos agentes são especiais e necessários e que qualquer pretensão de superioridade não faz sentido. A humildade também parece estar relacionada com a consciência de que podemos estar errados e, por isso, precisamos realmente ouvir o outro. Em seus textos e conversas, Bohm costumava contar uma interessante história sobre a relação entre dois grandes pensadores da física, Albert Einstein e Niels Bohr. Ele dizia que eles eram amigos quando jovens e tinham uma relação muito próxima. Os dois tinham muito em comum e escreviam cartas um para o outro, nas quais trocavam várias ideias. Todavia, após debaterem algumas questões filosóficas relacionadas às suas visões sobre a ciência – um debate que durou alguns anos – a distância entre ambos gradualmente aumentou. Então, após anos de argumentação, onde cada um apenas defendia suas opiniões, eles acabaram cansando e, assim, não tendo mais o que dizer um para o outro. Bohm nos conta ainda que, em um determinado momento, Bohr chegou a fazer uma visita ao *Institute for Advanced Studies*, em Princeton, onde Einstein morava na época. Porém, os dois sabiam que, embora estivessem no mesmo local, não se encontrariam. Assim, o matemático Hermann Weyl organizou uma festa e convidou os dois, além de seus respectivos estudantes, para que se encontrassem. Mesmo assim, durante a festa cada um ficou em um lado oposto da sala com seus alunos, sem conversar. Segundo Bohm, a certeza de suas visões impossibilitava um encontro entre as duas opiniões.

O fato de eles começarem a achar que possuíam uma visão privilegiada da realidade impossibilitou um diálogo entre duas grandes correntes de pensamento cientifico. Assim, após a morte de ambos, muito da busca cientifica na área da física tem sido justamente encontrar uma ponte entre suas ideias, a relatividade e a física quântica, algo que ambos poderiam ter encontrado se tivessem continuado conversando.

Um próximo movimento para Inovação Holográfica é *O Movimento da Economia*, sobre o qual há dois importantes aspectos que gostaria de destacar. O primeiro, e mais óbvio, é quando enxergamos a beleza de viver com menos recursos. A conta parece ser muito simples. Diz respeito ao valor e, por assim dizer, ao lucro que alcançamos em algo, quer seja de caráter monetário ou mesmo na forma de mais tempo. Está simplesmente no ganho que conseguimos por, de algum modo, utilizar menos recursos. Como vivemos em um sistema fechado, onde recursos são limitados, precisamos apreciar o minimalismo nas coisas e descartar o que não é necessário. Um conceito que se aplica ao que é tangível e concreto, como na frase do arquiteto Ludwig Mies van der Rohe, *"Less is more"* (menos é mais), ou ainda no chamado à simplicidade, ao que é essencial, feito pelo *designer* Dieter Rams em seu último princípio para o bom *design* *"Good design is as little design as possible"* (Bom *design* é tão pouco *design* quanto o possível), o qual ele completa e explica dizendo: *"Less, but better"*, ou seja, "menos, porém melhor", uma vez que o produto não é sobrecarregado com o que não é essencial. A obra de Dieter Rams – seus *designs* para as empresas Braun e Vitsoe nos anos de 1960, 1970 e 1980 – possui uma beleza de outra natureza. São exemplos de uma estética puramente econômica, inteligente e atemporal.

Porém, o movimento em busca desse tipo de economia também se aplica ao intangível e abstrato. Este se dá quando não ficamos apegados a nada e aprendemos a não depender de coisas para encontrarmos beleza e felicidade. Trata-se de uma orientação para um tipo de minimalismo de vida. Exemplos dessa orientação são geralmente encontrados por quem passa por uma experiência forte, um acidente ou doença grave, e desperta para outros valores mais essenciais. Em geral essas pessoas mudam completamente suas prioridades; elas encontram uma nova relação com o tempo, priorizam o relacionamento com outras pessoas e atingem satisfação e alegria em coisas bem mais simples. Esse é um processo de transformação que as torna mais profundas e distantes do que não é essencial. Essa é a natureza do movimento da economia, necessário para a Inovação Holográfica, onde um novo conjunto de prioridades é estabelecido e o objetivo é alcançado por um caminho diferente. É onde o sentido é atingido não pelo acúmulo de alguma coisa, mas, exatamente pelo movimento contrário, ou seja, pelo descarte do que não é necessário e fundamental.

    O último e não menos importante movimento que gostaria de adicionar a esta lista é *O Movimento da Persistência*, que traz a noção da determinação, da resistência mental para não desistirmos de um objetivo maior. A maioria das realizações humanas, em qualquer área de atividade – nas artes, nas ciências, nos negócios ou nos esportes – parece não acontecer de maneira aleatória ou unicamente por causa de um talento especial ou genialidade. É apenas o resultado desse movimento. Quando nossas intenções e nossos objetivos se tornam necessidades fundamentais, eles se transformam em um tipo de combustível que nos ajuda a enfrentar os desafios.

Uma pessoa repleta desse tipo de combustível foi o alpinista Neozelandês Sir Edmund Hillary, que, em 1953, juntamente com o alpinista Nepalês Tenzing Norgay, se tornou o primeiro alpinista a alcançar o topo do monte Everest. Hillary foi o primeiro homem a chegar aos dois polos e ao topo daquela montanha. Quanto à razão pela qual escalava montanhas ele dizia: *"Se você não entende que tem algo no ser humano que responde ao desafio dessa montanha, que a luta é a mesma da contínua escalada da vida, então você não conseguirá perceber por que nós a escalamos"*. Poucos compreendiam o movimento da persistência como Hillary. Para ele, *"Não é a montanha que conquistamos, mas a nós mesmos"*. Em algumas de suas frases, também podemos ver que ele conseguia perceber quem possuía a energia e as atitudes certas para alcançar o topo: *"Muitas pessoas foram ficando muito casuais sobre escalar o Everest. Muitas vezes eu previ desastres"*. Por sua experiência, Hillary sabia o que era necessário, *"Eu acho que um bom montanhista é geralmente aquele que é sensível"*. Mais uma vez a sensibilidade é o filtro que separa os bons dos ruins; que distingue o jeito certo do jeito errado.

Porém, Hillary mostra que o movimento da persistência também é um dos que mais produzem ensinamentos. Ele tinha total dimensão do seu feito. Para ele *"A vida humana é muito mais importante que chegar ao topo de uma montanha"*. E, por fim, em outra frase, ele conclui: *"Penso que no final das contas tudo está ligado à motivação. Se realmente deseja fazer algo, você trabalhará duro por isso"*. O movimento de Persistência é uma fonte para todas as outras virtudes. O conhecido jornalista e entrevistador norte-americano Charlie Rose comentou certa vez: *"Nunca entrevistei alguém que tenha alcançado grandes realizações* (ele estava se referindo a mais de 25 ganhadores do prêmio Nobel, e a escritores e artistas famosos) *e dito que o segredo para isso se devesse simplesmente à sua inteligência"*. Para seus entrevistados o segredo e diferencial estava sempre relacionado à *"determinação, disciplina, ao treinamento apropriado e ao foco"*. Todos nós precisamos de persistência para alcançarmos nossos objetivos; todos temos nossas montanhas para escalar. E muitas dessas montanhas precisaremos escalar juntos. O conceito da Inovação Holográfica sugere que essas montanhas individuais e coletivas se misturam, fundindo-se em um único padrão.

Os movimentos conceituais descritos acima não fazem muito sentido se vistos de forma separada, ou seja, um sem o outro não produz Inovações Holográficas. Eles podem ser, ao mesmo tempo, contraditórios e complementares. Eles podem ser desenvolvidos e, com a prática, elevam nossa sensibilidade e nos permitem alcançar o ápice da naturalidade. Saímos da nossa zona de conforto, nos aventuramos no desconhecido e alcançamos o que o escritor Alan Watts chamou de *"Wisdom of Insecurity"*, uma forma de sabedoria que atingimos quando aceitamos a insegurança das coisas.

Acredito que o caminho da Inovação Holográfica requer a combinação desses movimentos para que possamos destruir os aparentes paradoxos que nos impedem de ir mais longe. Trata-se de uma visão de mundo aberta, onde tudo é possível. Aqui os mais protegidos são os que não possuem escudos; os mais letais são os que não carregam armas. Neste caso, fazer menos ou até mesmo não fazer nada pode até trazer mais resultados, e a sensibilidade e a atenção são mais importantes que o conhecimento, os recursos ou o esforço.

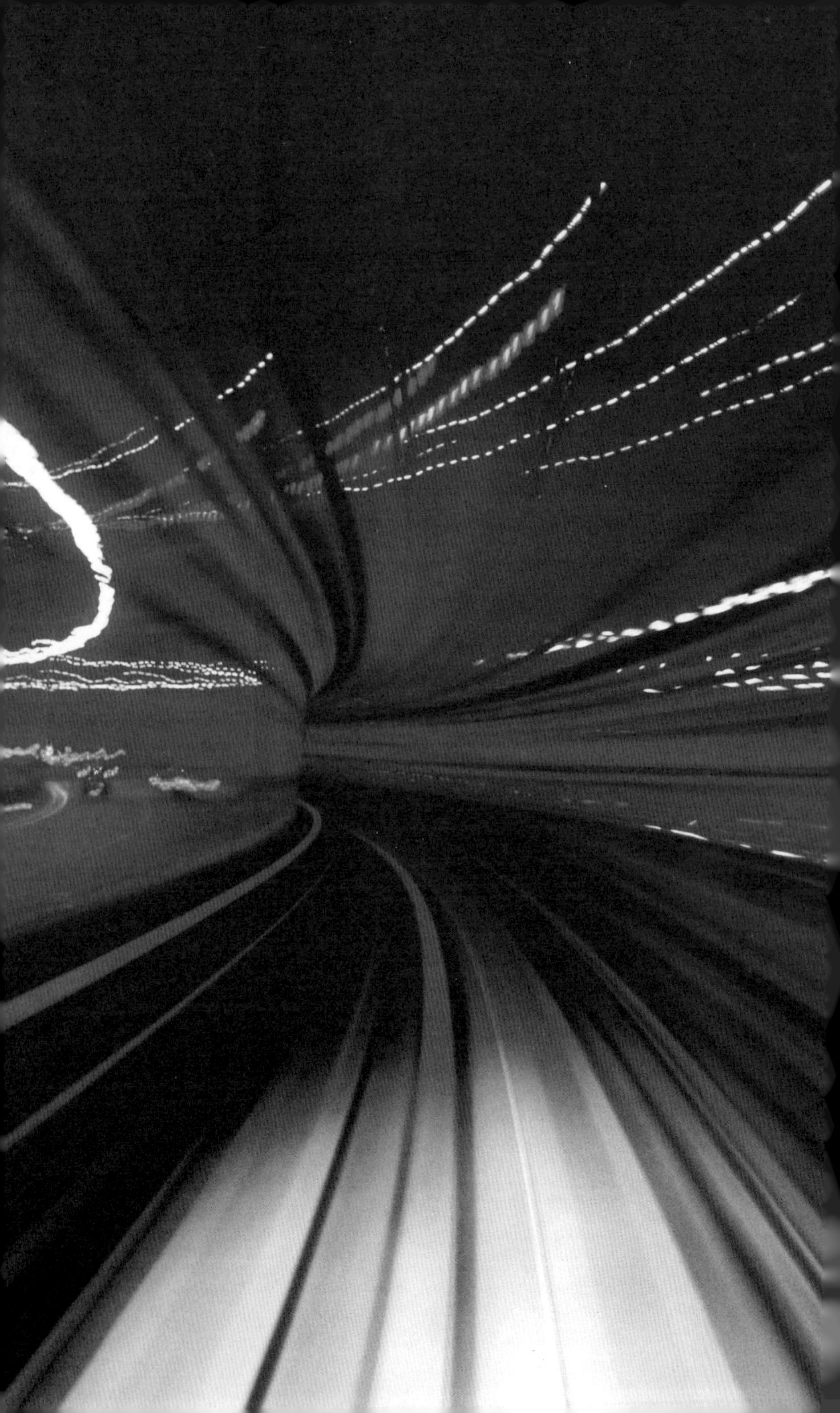

4. Transformações Holográficas

> *"Existem dois futuros: o futuro do desejo e o futuro do destino, mas a razão humana nunca aprendeu a separá-los."*
>
> John Desmond Bernal

A real função de um sistema é responder a desafios. Quer esse sistema seja uma planta, um animal, uma mente, uma empresa ou a economia de um país, ele está envolvido em desafios. Geralmente estes são de caráter fundamental e estão relacionados a atividades de adaptação, replicação e aprendizado. Mas, para isso, esse sistema precisa superar um desafio ainda mais fundamental: o de se auto-organizar. Ele precisa mudar, precisa se transformar. Uma transformação é um movimento interno, um fluxo em direção ao futuro. Trata-se da tentativa de mudança para uma situação existente, baseada na expectativa de que algo possa ser melhorado; do esforço elementar para fazer com que os nossos resultados alcancem as nossas expectativas.

Inovar é um ótimo exemplo de movimento de transformação. Não é um fim que se alcança, mas um padrão de comportamento que emerge da auto-organização positiva do sistema. É justamente isso que iremos explorar neste capítulo: alguns aspectos mais aplicados da ideia da Inovação Holográfica. No capítulo anterior sugerimos a existência de alguns movimentos, ou fluxos comportamentais, importantes para quem deseja seguir o caminho da Inovação Holográfica. Aqui nosso foco será o coletivo. Já estamos bastantes cientes de que, para produzir as transformações que precisamos em nossos sistemas, não temos falta de soluções, de métodos, muito menos de processos. O que realmente nos falta é a habilidade de construir juntos, em especial quando não concordamos. Como já ressaltamos anteriormente, nossa crença é de que nosso padrão é criativo. Que as soluções já estão todas presentes no próprio sistema. Porém, não somos capazes de perceber isso por causa da nossa limitada sensibilidade. Assim, nossa estratégia não será a de fornecer métodos ou novas receitas, apenas refletir quanto àquilo que pode limitar – e, consequentemente, o que pode liberar – todo o potencial criativo em nossos agregados, em particular, em nossas organizações, nas quais passamos a maior parte do nosso tempo envolvidos em tentativas de transformação.

Uma maneira de perceber um sistema é vê-lo como uma comunidade de agentes – um todo formado por partes que interagem para superar desafios. Porém, nenhum agente transforma o sistema sozinho. Uma transformação pode até ter início pelas mãos de um agente ou outro, mas, ao final, é sempre uma resposta coletiva. Nossos agentes não são elementos sólidos que estão em alguma espécie de vácuo, onde o meio não importa. Nossos sistemas são fluidos; os agentes estão em uma espécie de piscina em que o meio – a atmosfera – é fluido. Isso quer dizer que cada movimento, cada ação em um lado tem consequências sobre o outro. Cada força possui outra contrária para que o sistema se equilibre. Tudo pertence ao holograma – nossas emoções e influências; nossos conhecimentos, sonhos, medos e métodos, sejam positivos ou (e infelizmente) os negativos. Como dizia o *designer* canadense Bruce Mau *"Quando tudo está conectado a tudo, para o bem ou para o mal, tudo importa"*.

Assim, para induzir qualquer transformação em um sistema, é necessária a existência de um efeito de propagação; de dispersão de informações para que o sistema se auto-organize. Por isso, uma questão-chave é entender como esse sistema processa informações, uma vez que sistemas são, essencialmente, processadores de informações. Uma planta, um indivíduo, uma empresa, uma equipe esportiva, um departamento (ou área) de uma empresa, ou um computador, cada um deles é um exemplo de sistema que processa informações para manter sua integridade funcional. Uma empresa é um bom exemplo de sistema complexo adaptativo que transforma dados em conhecimentos, conhecimentos em vantagens competitivas, e vantagens em algum tipo de oferta (não necessariamente nessa ordem, claro). Não existe uma sequência ou um ciclo correto para realizar esse tipo de processamento. Tudo acontece de forma coevolucionária. Onde o entendimento do desafio coevolui com a tentativa de superá-lo. Uma frenética dinâmica onde tudo é absolutamente importante: saber coletar e filtrar os dados mais apropriados; analisar e conectar esses dados para produzir *insights* sobre a situação e o desafio; desenvolver hipóteses ou ideias para responder a esses desafios; e ainda, testar essas ideias, refiná-las a partir dos erros e aprendizados, e, por fim, implementá-las e disponibilizá--las da maneira mais apropriada para um agente muito importante do ecossistema – o agente cliente.

Nessa busca por soluções e sentido, é muito fácil se perder. Pois, como certa vez foi alertado pelo astrônomo norte-americano Clifford Stoll, *"Dados não são informação, informação não é conhecimento, conhecimento não é entendimento e entendimento não é sabedoria".*

Assim, que tipo de coisas limitam e que tipo de coisas liberam o potencial das transformações holográficas em nossos sistemas? A quais tópicos um time deve estar alerta quando estiver interessado em provocar transformações holográficas em seu sistema? Que tipo de coisas atrapalham e quais delas ajudam no processamento coletivo de informações?

Um primeiro e profundo limitante de nossas tentativas de transformação é o que poderíamos chamar de "o mito do alinhamento". A noção de que para avançar em uma discussão de modo produtivo é necessário que os participantes estejam "alinhados", ou seja, que compartilhem certas premissas básicas. Porém, se não formos capazes de avançar para além das nossas discordâncias, não teremos muito sucesso. E, mais que isso, precisamos tratar nossas discordâncias como algo positivo. A discordância é o berço das inovações. Inovamos quando vencemos as amarras de nossos paradoxos e dilemas; quando combinamos opostos. O grande cientista do *design*, Charles Owen, costumava me dizer *"Ao criar, evite se colocar em encruzilhadas"*.

Nenhum outro pensador foi mais crítico do mito do alinhamento que o filósofo da ciência Karl Popper. Ele escreveu:

"Ainda que eu seja um admirador da tradição, e esteja consciente de sua importância, sou, ao mesmo tempo, um ortodoxo seguidor da não ortodoxia: sustento a ideia de que a ortodoxia representa a morte do conhecimento, pois o aumento do conhecimento depende inteiramente da existência de discordância. Sem dúvida a discordância pode levar a lutas e até mesmo à violência. E, isso eu considero extremamente ruim, porque abomino a violência. Porém, discordâncias podem também levar a discussões, argumentações e criticismo mútuo. E vejo isso como de suprema importância. Sugiro que o maior passo em direção a um mundo melhor e mais pacífico foi tomado quando a guerra de espadas foi substituída pela guerra de palavras."

Popper baseou toda sua filosofia científica na ideia do debate crítico, no "falsificacionismo" das teorias. Na noção de que nós nos dirigimos à verdade não pela defesa de nossas ideias, mas exatamente pelo contrário, ou seja, pela crítica e pelo teste. Ele ressaltava ainda, que:

"Quando os participantes estão 'alinhados' e concordam em todos os pontos, a discussão pode se tornar mais fácil, suave e racional, ainda que talvez um pouco chata. Já as discussões que envolvem diferentes pontos de vista podem ser extremamente mais produtivas, mesmo que às vezes possam não ser tão fáceis ou prazerosas. Ainda que, com o tempo, possamos aprender a apreciá-las."

Para Popper,

"Discussões mais produtivas são aquelas em que os participantes aprendem mais. E isso significa que, quanto mais perguntas interessantes e difíceis eles se fazem, mais respostas novas eles são induzidos a obter, mais suas opiniões são sacudidas e mais eles podem ver as coisas diferentes após a discussão. Resumindo, mais seus horizontes intelectuais são ampliados."

À medida que nossos desafios ficam mais e mais complexos, precisamos desenvolver essa capacidade para dialogar. David Bohm costumava nos lembrar da famosa música dos Beatles *"All you need is love"*, e dizia que talvez o que realmente precisássemos fosse mesmo o diálogo. Ele nos alertava que amor, sem a capacidade para dialogar, não nos levaria muito longe. Bohm, acreditava que essa forma de livre troca de ideias é de fundamental importância para transformarmos nossas culturas e libertá-las da desinformação destrutiva, de maneira que a criatividade possa ser liberada. Uma de suas recomendações era para que não resolvêssemos as coisas muito rápido, e mantivéssemos a "tensão criativa" para passarmos mais tempo com as questões abertas.

Os princípios do diálogo de Bohm inspiraram, e continuam inspirando, muitos pensadores e especialistas em transformação organizacional. Esses princípios envolvem basicamente fazer com que: o grupo evite tomar decisões ou chegar a conclusões durante a conversação, usando o círculo do grupo como um espaço livre de obrigações, apenas destinado ao compartilhamento de pensamentos em conjunto; os indivíduos evitem e suspendam o julgamento, sem o desejo de impor suas próprias visões, confrontar, distorcer e reduzir a relevância das opiniões dos outros; e as pessoas tentem construir a partir das sugestões dos outros, uma vez que as ideias do grupo possuem o potencial de combinar e integrar muitos contextos.

No fundo, tudo isso reflete um sincero reconhecimento dos benefícios da diversidade. Em sistemas complexos, qualquer forma de uniformidade ou elitismo é prejudicial, pois é a diversidade que permite alternativas para adaptações a contextos que estão em constante mudança. Para alcançar Inovações Holográficas precisaremos superar essa barreira e contar com o poder mental de todos do grupo; explorar a diversidade de jeitos de pensar. Quanto mais repertório e alternativas de caminhos intelectuais um grupo possui, mais preparado ele estará para enfrentar os desafios do sistema. O movimento criativo combina momentos de divergência com os de convergência. Há situações em que é necessário explorar novas alternativas, mas há aquelas em que é necessário reduzir e sintetizar esse número. Gosto muito do conceito sugerido pelo físico e escritor Freeman Dyson. Ele descreve a existência dos diversificadores e unificadores. Os diversificadores seriam aqueles que divergem, que geram alternativas e complexidade, que causam entropia no grupo. Já os unificadores são os que sintetizam essas ideias em menos alternativas, que combinam, que veem alguma ordem no aparente caos e sugerem explicações amplas que, por sua vez, estabelecem novos patamares de descrição. Ambos movimentos fazem parte do fluxo criativo e são necessários para nossas organizações resolverem seus desafios.

Em um artigo chamado *"In Praise of Diversity"*, Freeman Dyson nos presenteia com sua magnífica descrição de diversidade:

> *"Diversidade é, para mim, a fonte maior de beleza e valor no universo natural ao nosso redor; da governança das sociedades humanas e das profundezas de nossas almas individuais. A abundância de estrelas e galáxias no céu, a abundância de insetos e besouros em nossos jardins e da genialidade humana em nossas artes e ciência, anunciam que Deus ama a diversidade. Diversidade é o tempero da vida, entretanto, a existência da maldade em nosso mundo é o preço que pagamos pela diversidade."*

Quando superamos o mito do alinhamento e criamos rituais e culturas que estimulem perguntas disruptivas, percebemos que todo participante tem valor para o sistema, e todos são especiais de alguma maneira.

Outra barreira, que também está relacionada ao mito do alinhamento e dificulta o processamento coletivo é, sem dúvida, a *linguagem*. Em nossas discussões em grupo, muitas vezes colocamos demasiado peso nas palavras e em suas definições. Todavia, um grupo raramente compreende como a linguagem realmente funciona. Assim, é bastante comum vermos grupos com grande potencial presos nas armadilhas da linguagem. Perdemos bastante tempo tentando chegar a definições que tirem a ambiguidade de nossa comunicação. Popper, entretanto, já nos alertava, dizendo: *"É impossível falar de uma maneira em que você não seja malcompreendido"*. E completando: *"Ficar preso em problemas verbais é o caminho certo para a perdição intelectual"*.

Quando estamos discutindo algo, muitas vezes assumimos que todos os outros possuem o mesmo entendimento sobre o sentido que estamos querendo comunicar. O filósofo Ludwig Wittgenstein foi, sem dúvida, um dos pensadores que mais refletiu sobre estas questões. Ele costumava dizer que: *"se um leão pudesse falar, nós não o entenderíamos"*. Pois, embora a linguagem seja um meio de transmissão de contexto e significado, o contexto de vida do leão é muito diferente do nosso. Assim, é bem provável que não entendêssemos uma palavra que ele dissesse. Em seu livro *"From Certainty to Uncertainty"*, David Peat relata um exemplo que Wittgenstein gostava de citar para mostrar as peculiaridades no funcionamento da linguagem:

> *"Suponhamos que um ser do planeta Marte chegasse e nos perguntasse: 'O que é um jogo?' Eu ligaria a televisão e mostraria a ele um jogo de futebol ou de basquete. "Ah!", responde o marciano, completando: 'Então um debate no parlamento deve ser um jogo, porque existem dois times, algumas regras e, enquanto um vence, o outro perde'. Em resposta, eu mostro crianças jogando na rua, entrego para o marciano um livro sobre xadrez e digo: 'aquilo também é um jogo'. O marciano fica naturalmente confuso e me pressiona para definir exatamente o que é um jogo, questionando: 'Um jogo tem que possuir várias regras e estratégias precisas como o xadrez? Precisa ter sempre dois lados como no basquete? Se luta livre é um jogo, o que você me diz de dança de salão?*

Um jogo sempre tem que envolver competição entre pessoas? E jogar paciência? E, se paciência é um jogo em que não existe outro participante, então resolver palavras cruzadas também é um jogo? E quanto à tarefa de matemática? E todas aquelas pessoas na bolsa de valores, elas estão jogando.' Eu continuo mostrando diferentes jogos e dizendo para o meu visitante que um debate e uma reunião de planejamento não são jogos. 'Porém,' argumenta o marciano, 'deve existir alguma essência para jogo. Deve haver uma linha de divisão para medir as coisas e nos ajudar a dizer: isto é um jogo; aquilo não é. Do contrário, como você estaria tão confiante de que algumas coisas são jogos e outras não? Como é que você sabe?"

Este é um bom exemplo para mostrar como nossa linguagem é uma rede de sentidos. Não existe uma definição universal da palavra jogo, assim como não há uma definição absoluta para criatividade, inovação, transformação ou qualquer outra palavra. Linguagem é algo dinâmico. É mais um produto de nossa cultura, essa cola social onde o significado é produzido e compartilhado. Construímos linguagem por meio de uma série de relações, como em uma grande rede de significância. Cada pessoa traz consigo seu próprio contexto, suas influências e nuances pessoais e diferentes.

David Bohm achava que a estrutura da linguagem que usamos poderia estar nos restringindo, uma vez que muita atenção é dada ao sujeito e predicado. Para ele, essa orientação a objetos, priorizava o estático e não o dinâmico. Assim, ele propôs a criação de um novo modo de linguagem, ao qual ele chamou de *"rheomode"*, do grego *"rheo"*, que significa fluxo. Por exemplo, em vez de dizermos: "um observador olha para um objeto", para ele o mais apropriado seria dizer: "observação está ocorrendo". Ele até persuadiu alguns de seus estudantes a tentar falar dessa maneira, mas o experimento não foi bem-sucedido. Segundo Peat:

> *"Os alunos tentaram empregar as estruturas verbais da rheomode para servir às funções dos sujeitos. E somente muito depois, quando Bohm teve contato com membros do grupo indígena Blackfoof, foi que ele percebeu que a forma de linguagem orientada a fluxos sempre existiu."*

O sistema terá sempre mais aspectos e nuances que a nossa capacidade de descrevê-lo, por isso, um grupo em busca de transformações holográficas precisa ter bastante disposição para encontrar o sentido por trás da linguagem do outro. Ajudando-se mutuamente na imensa tarefa de descrever a realidade que percebemos.

Uma terceira barreira, que de alguma maneira inibe nosso potencial para resolver problemas coletivamente, é o que eu gostaria de descrever como a *dependência metodológica*. Para um agente em um sistema, um problema ou desafio representa uma verdadeira batalha a ser vencida e, por isso, ele busca encontrar todo armamento disponível. Estratégias, metodologias, processos, esquemas e técnicas são nossas ferramentas para pensar e solucionar desafios; são nossas munições para vencer essas batalhas. Mas se quisermos ir além, precisaremos repensar nossa relação com metodologias e ferramentas.

Em seu livro *The Scientis as Rebel*, Freeman Dyson cita algumas reflexões de Hermann Balck, considerado talvez o mais brilhante comandante de batalha da segunda guerra mundial. Balck foi o comandante do regimento de infantaria alemão que entrou na França em 1940. Em batalhas posteriores, ele constantemente surpreendia os russos com movimentos e táticas inesperadas. Na primavera de 1945 ele liderou a última ofensiva alemã na guerra, segurando as tropas russas na Hungria para ter tempo de entrar na Áustria e, finalmente, render suas tropas aos norte-americanos. Em seu julgamento, Balck acabou não sendo acusado de nenhum crime de guerra, e, em 1979, quando tinha oitenta e cinco anos, concedeu uma marcante entrevista para um jornalista norte-americano. Sobre seu conhecimento de estratégia em batalhas ele comentou:

> *"Não existem planos fixos. Todo plano, todo padrão é errado. Nenhuma situação é igual a outra. É por isso que o estudo da história militar pode ser extremamente perigoso. Outro princípio que surge disso é: nunca faça a mesma coisa duas vezes. Mesmo que algo funcione bem para você uma vez, na segunda vez que fizer o inimigo terá se adaptado. Então, você tem de pensar algo novo. Ninguém se torna um grande pintor simplesmente imitando Michelangelo. Da mesma forma, ninguém se torna um grande líder apenas imitando um ou outro. Precisa vir de dentro. Em última análise, liderança e comando são uma arte: um homem pode conseguir, mas a maioria nunca irá aprender. Afinal de contas o mundo também não é cheio de Michelangelos."*

Apesar de essas palavras terem vindo de alguém que desenvolveu essa capacidade de descrição em batalhas reais, há algo muito fundamental aqui. Sua total consciência do quão mutável é o contexto, e o seu total desapego a esquemas anteriores. Vivemos uma era sobrecarregada de informações e, por isso, é comum ficarmos apegados às nossas ferramentas, nossas metodologias. Todavia, temos de ter o cuidado para não sermos freados por elas. Pois, existe um estágio, uma descrição que está além das metodologias e ferramentas, onde a sensibilidade ao contexto aumenta nosso entendimento sobre o desafio e deixa tudo mais claro; onde conseguimos filtrar e distinguir as informações que são realmente relevantes das que representam apenas barulho. Um estágio em que nos tornamos livres para criar novas ferramentas para qualquer novo desafio; no qual a habilidade do arqueiro é mais importante que o arco que ele irá usar. Como bem descreve a cantora norte-americana Ani DiFranco: *"Qualquer ferramenta é uma arma se você a segurar corretamente".*

Mas, assim como existem coisas que nos impedem de alcançar transformações holográficas, há também aquelas que nos ajudam, que liberam o nosso potencial criativo. Novamente, não iremos indicar fórmulas prontas, apenas sugerir três exemplos desses tipos de potencializadores, para que o leitor compreenda o caminho mais tranquilo e encontre o que liberta seu próprio potencial. Para iniciar, vamos começar por um elemento bem fundamental e bastante óbvio: *a confiança.* Talvez este seja o ingrediente mais importante em nossas redes, pois sem ele é muito difícil fazer algo em conjunto. Acredito que uma estratégia para aumentar a confiança de um grupo seja simplesmente fazer o grupo se conhecer. Parece que somos mais dispostos a confiar em quem conhecemos. Assim, a grande questão é como fazer um grupo de pessoas se conhecer mais profundamente? Como fazer uma pessoa entender o mundo do outro?

Inspirado pelas preocupações do filósofo Bertrand Russell sobre o desenvolvimento dos aspectos intelectuais e morais em nossas crianças, desenvolvi uma dinâmica que tem me surpreendido positivamente toda vez que a utilizo em grupos. Trata-se de um papel em formato de círculo contendo três círculos concêntricos. No centro, o participante é solicitado a colar uma foto de quando era criança, ou apenas escrever seu nome. O círculo interno representa o passado, o intermediário representa o presente, e o externo representa o futuro, como na figura a seguir.

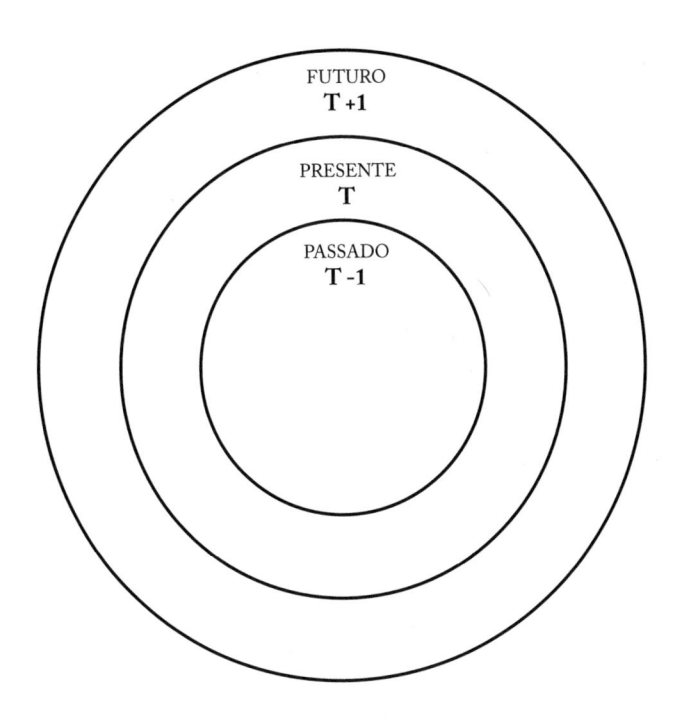

```
         FUTURO
          T +1
        PRESENTE
           T
         PASSADO
          T -1
```

Tudo funciona da seguinte maneira: após colarem suas fotos ou escreverem seus nomes no centro do círculo, os participantes são solicitados a preenchê-los com alguns tópicos relacionados ao que influenciou seu intelecto e seu caráter no passado, o que está influenciando no presente e, na sua visão, o que deverá influenciá-lo no futuro. Este é um momento de reflexão individual, antes do compartilhamento com o grupo. Uma reflexão sobre estes dois ângulos de sua existência: o intelectual e o moral – quais as influências do seu pensar, de sua formação, seu contexto de vida familiar, dos parentes ou das pessoas, dos livros, das experiências etc. Ou seja, os participantes passam aproximadamente uns vinte minutos pensando e registrando coisas que marcaram seus próprios contextos.

Após esse período, eles são convidados a compartilhar esse resumo de suas vidas com os outros. E este é sempre um momento surpreendente, pois as discussões que são iniciadas com a estrutura e a reflexão sobre os dois aspectos de sua vida, acabam revelando muito sobre eles próprios. Por mais próximo que seja um grupo, sempre existem coisas sobre o mundo do outro que não conhecemos. Mesmo pessoas que trabalham juntas todos os dias não se conhecem em profundidade. Por último, à medida que apresentam seus círculos, os participantes são solicitados a ligar algumas conexões entre si. Por exemplo, ambos têm irmãos, ambos estudaram engenharia, ou ainda, os dois leram esse ou aquele livro etc. Com uma caneta eles ligam esses pontos de conexão e o resultado é uma grande teia, uma grande rede. No fim eles sempre descobrem que existem muitas coisas que os conectam. Um comentário comum após essa atividade é: "agora eu entendo porque ele ou ela é assim", ou seja, quando temos conhecimento sobre o contexto do outro ficamos mais inclinados a entender e confiar. Na verdade, essa estrutura e dinâmica nada mais é que um provocador para a emergência de contextos e, consequentemente, do entendimento mútuo, onde a confiança poderá existir. Outro ganho que emerge desse tipo de discussão é a exposição a múltiplas versões de existência e visão de mundo, o que provoca uma abertura criativa em cada participante e no grupo como um todo.

Outro elemento libertador do potencial de transformação holográfica em um grupo é, sem dúvida, o *propósito*. Geralmente organizações usam *slogans* ou valores para comunicar seus propósitos, mas o que desejamos focar aqui é algo mais implícito do que uma nova campanha ou um quadro de valores na parede. Estamos falando de algo que é vivo; de um convite mobilizador constante que precisa encontrar um jeito para tocar cada um na organização. O propósito de uma organização deve ser o acolhimento para que todos possam fazer parte de "algo maior", daquilo que dá sentido e do porquê vale a pena enfrentar os grandes desafios diários. Um propósito precisa indicar uma direção, uma visão de mundo, um jeito de pensar a totalidade, uma opinião sobre o papel da organização dentro do holograma. Um propósito se constrói olhando para trás, não para frente. Não se trata de algo circunstancial ou dependente de um momento cultural. As campanhas, a comunicação e a linguagem podem – e devem – mudar e evoluir, o propósito não.

Um propósito nobre representa um poder incalculável para qualquer sistema. A força de um propósito ético, positivo e gentil alimenta com sentido de merecimento as energias que utilizamos para enfrentar os desafios. Uma organização de pessoas sem um propósito claro pode até alcançar sucesso temporário no mundo dos negócios, mas não conseguirá produzir as transformações holográficas sobre as quais estamos falando neste livro. Por último, propósitos são manifestados dinamicamente em descrições, mas, acima de tudo, em ações. Somos bastante sensíveis para detectar incoerências no sistema. Quando uma organização fala uma coisa e age de outra maneira ela se afasta, e daí o proposito em vez de operar como uma foça de agregação se transforma em uma força de separação.

Propósito coletivo é a tarefa mais importante que temos para construir e a chave para qualquer transformação. Porém, o grande desafio na construção do proposito coletivo é exatamente o propósito individual. Esta é sempre uma questão importante: Como conciliar os interesses das partes com os interesses do todo? Como conciliar nossas intenções individuais com nossas intenções coletivas? Como fazer os indivíduos perceberem suas vantagens dentro de um coletivo? Talvez o *insight* do engenheiro elétrico, e estudante amador da dinâmica do trânsito, William J. Beaty, possa indicar um caminho para essa difícil questão. Um dia, Beaty estava dirigindo para o trabalho e, ao enfrentar o trânsito diário, ele percebeu que a grande causa do tráfego que ele enfrentava não tinha origem em acidentes ou obstáculos na estrada, mas simplesmente na briga iniciada pelos oportunistas que forçavam a mudança de faixa para ter um acesso mais fácil às saídas.

Por outro lado, os motoristas que estavam nas faixas próximas à saída reduziam o espaço como uma forma de represália às insistentes tentativas egoístas dos oportunistas. E foi aí que ele teve a ideia de mudar o seu próprio comportamento, em vez de entrar em conflito com os oportunistas ele começou a deixar um espaço e facilitar a vida de todos que forçavam a mudança de faixa à sua frente. Ele percebeu que sua atitude altruísta alterava a dinâmica competitiva do trânsito, desbloqueando-o não apenas para benefício próprio, mas para todos os outros que formavam o congestionamento. Ele concluiu que o comportamento de um único motorista era capaz de alterar toda a dinâmica e fluidez do trânsito. Mais uma vez, um exemplo de como a atitude gentil pode alterar completamente o padrão de interação. É verdade que isso tudo faz muito sentido em termos conceituais, mas é muito difícil agir altruisticamente quando um engraçadinho força a entrada à nossa frente. A vontade que temos é quase sempre de abrir a janela e começar a xingar ou, no mínimo, dificultar um pouquinho a vida dele. Bem, esse é realmente o dilema, talvez tenhamos muito que aprender com as formigas, os peixes e as aves, assim como com as relações desses insetos com seus meta-agentes.

Um último tópico fundamental que eu gostaria de sugerir como potencializador de transformações holográficas é a liberdade para *contar histórias*. O pensador e cientista do aprendizado Roger Schank concluiu que *"Seres humanos não são idealmente configurados para entender lógica; de modo ideal, eles são concebidos para entender histórias."* Nossa capacidade para ouvir, construir e contar histórias é crucial em qualquer tentativa de transformação. Sempre tem uma história que amarra tudo, que dá ritmo aos acontecimentos. Histórias são como as composições que organizam cada instrumento de uma orquestra. No fim, todo sistema vive em uma narrativa – existe o contexto e também existem os desafios, as intenções e interações entre os agentes. Muitas vezes ficamos tão preocupados com nossos desafios que nos esquecemos de que somos parte de uma grande história que se desenrola. E, falando em histórias, sempre me lembro de uma a respeito de um grande professor e original pensador do qual tive o privilégio de ser aluno e que muito me influenciou – o escritor e dramaturgo Brasileiro Ariano Suassuna. Certamente ele foi o maior contador de histórias que já conheci. Em suas aulas, Ariano sentava-se em uma cadeira à frente da sala e "apenas" contava histórias. E como todas elas se encaixavam como um grande quebra-cabeças, não importava com qual ele começasse, os alunos sempre ficavam encantados com a imagem final que a soma das narrativas criava. Certo dia, entretanto, um aluno o questionou e disse: *"Ariano, suas aulas são sempre histórias e mais histórias"*. E aí ele respondeu sabiamente, *"Sim, mas deixe-me contar uma história sobre isso"*. Então ele iniciou: *"Havia dois velhinhos sentados numa varanda, e um disse para o outro: 'Você quer ouvir uma história?' E o outro prontamente disse: 'Quero!' Então o primeiro velhinho começou e disse 'Bem, quando jovem eu era marinheiro. Um dia estava em alto mar, era noite, e eu estava dormindo no porão. Aí chegou uma tempestade e o barco começou a ser jogado de um lado para outro e, de repente, ele bate em uma rocha e começa a afundar. Nesse momento eu acordo com toda aquela água entrando e tento sair pela porta, mas ela estava emperrada pelo volume de água descendo para o porão, então eu vejo as janelinhas laterais, as escotilhas. Aí eu abro uma delas e tento sair, mas não consigo, pois minha roupa fica presa. Então eu tiro minha roupa toda dentro do barco, passo um óleo que havia ali nas laterais do meu corpo e finalmente consigo sair. Porém, quando penso que estou salvo, vendo o barco afundar, vem um enorme tubarão em minha direção, daí eu tiro a minha faca do cinto, e...'; nesse momento o outro velhinho diz:' Mas você não tinha tirado a roupa dentro do barco?' Então o primeiro velhinho que contava a história diz, 'Ah, você não quer ouvir história, você quer é discutir'.*"

Quem está disposto a provocar transformações holográficas precisa ter esse tipo de mansidão para ouvir, construir e contar histórias. O mundo binário entrou em nossa consciência e fragmentou nosso pensar. Precisamos urgentemente construir uma nova história, uma descrição da realidade muito mais ampla e que permita a coexistência de múltiplas perspectivas e visões do mundo. Teremos de substituir os velhos dilemas por novos e induzir uma mudança nos valores e hábitos que fomos condicionados a seguir. Tudo se conecta a tudo e, em cada momento, existe o potencial para despertar e aprender. A história de nossas inovações não é formada por episódios individuais e isolados. Ela tem origem quando nossas abstrações – resultantes de nossa busca coletiva – se conectam.

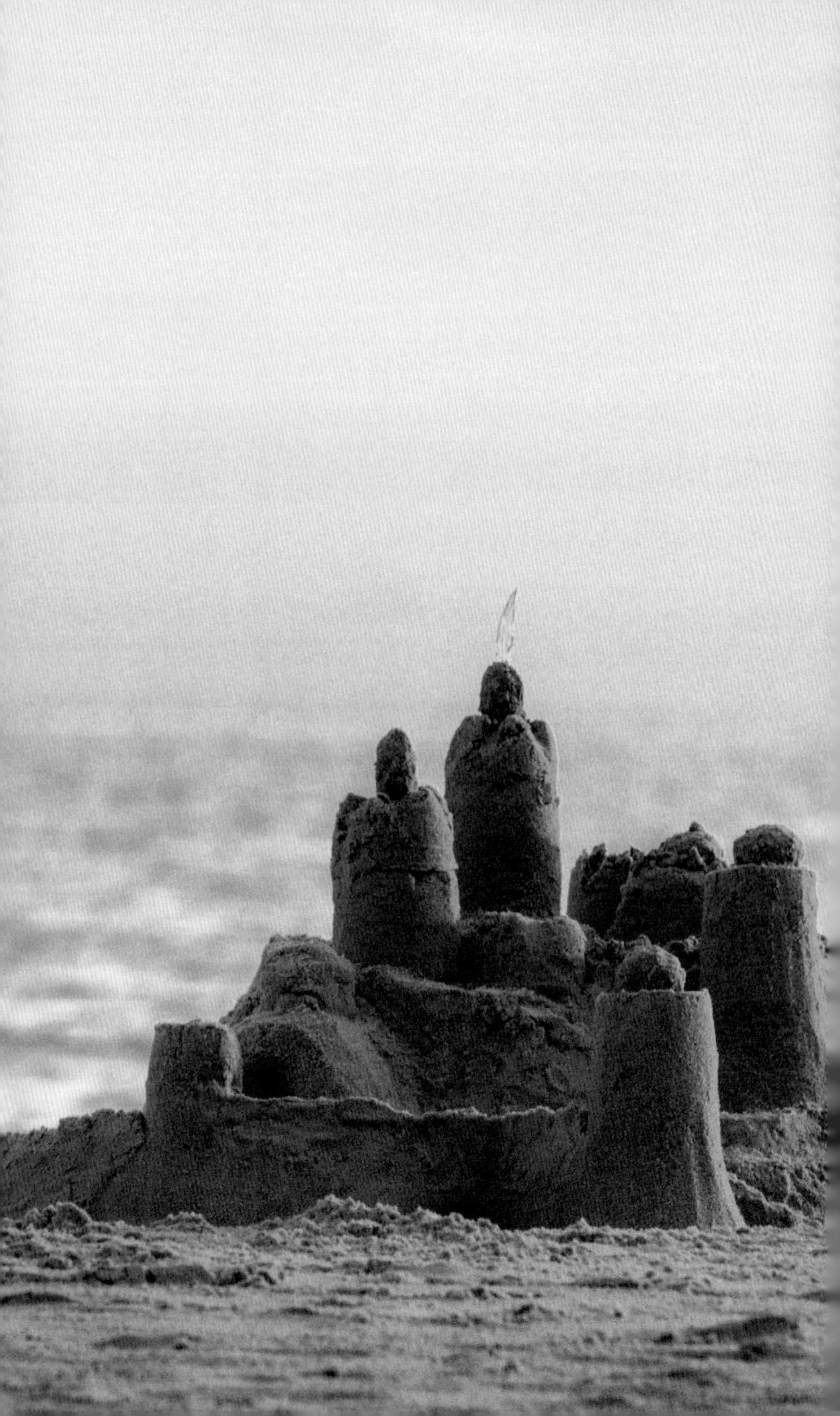

5. A Escada das Abstrações

> *""A vida é bem simples: Você faz algumas coisas. A maioria falha. Algumas funcionam. Ai, você faz mais do que funciona. Se funcionar bem, os outros irão rapidamente copiar. Então, você faz outra coisa. O truque é fazer essa outra coisa"*
> Tom Peters

Uma verdadeira conclusão que emerge de toda essa reflexão é exatamente de que não existe conclusão. Esta é, sem dúvida, uma conversa que não tem fim. Porém, se ainda estiver me acompanhando até aqui, gostaria de ressaltar alguns últimos pontos.

Alguns meses atrás eu li um artigo que tem muito a ver com esta reflexão que estamos fazendo. Foi sobre a história de uma empresa gigante no setor de tecnologia que foi adquirida por outra ainda maior. E, no evento para comunicar essa aquisição o presidente da empresa que foi adquirida terminou sua fala chorando e dizendo: *"Nós não fizemos nada errado, mas, de alguma forma, nós perdemos."* Tratava-se do capítulo final de uma empresa que possuía uma linda história e mais de cento e cinquenta anos de sucesso. Eles haviam se reinventado várias vezes até chegar ao negócio de tecnologia, onde, por causa de muita eficiência e profissionalismo, conquistariam a liderança por um período, na época do ultracompetitivo mercado de telefonia móvel.

Esta dura história empresarial nos ensina uma coisa extremamente importante: em sistemas competitivos, não fazer nada de errado não é suficiente. É preciso fazer mais. É preciso fazer diferente; é preciso fazer melhor. E, para conseguir tudo isso é preciso aprender constantemente. Por maior que tenha sido o seu sucesso no passado, nada está seguro. Se você não for capaz de abstrair sobre o que você faz e perceber o que está acontecendo ao seu redor em um nível mais elevado você irá fracassar. Quer seja de maneira individual ou coletiva, se nossos agentes não forem capazes de monitorar o contexto, perceber as constantes mudanças e o movimento dos outros agentes, e fazer esse algo a mais para se auto-organizar e se adaptar, eles simplesmente não irão sobreviver.

Então, a grande pergunta é: estamos conseguindo fazer esse movimento de abstração? Ou estamos ocupados demais realizando nossas atividades? É muito comum ficarmos tão agitados executando nossas tarefas dentro do sistema que acabamos não encontrando tempo para pensar e refletir. Muitas histórias de sucesso são interrompidas por que simplesmente os agentes, presos dentro do buraco negro de suas atividades, não param para abstrair. E quando isso acontece durante certo tempo as pessoas parecem desaprender. Com certeza, o maior problema que encontro nas organizações atualmente é o seguinte: as pessoas estão com uma imensa dificuldade para abstrair; estão todos tão presos e viciados à operação, que o nível de abstração é praticamente zero. Pouquíssimos são os líderes capazes de levar o pensar da organização a níveis mais altos. A grande maioria está totalmente consumida com duas coisas: o monitoramento de recursos e a política de administração do ego e do poder.

Outra coisa que acontece é que, muitas vezes, nossas tentativas de fazer esse exercício de abstração são tratadas de forma casual, como um tipo de moda, seja porque vimos um novo termo ou metodologia que todos estão utilizando, ou pelo fato de ter saído em um *case* na revista. Muitas vezes esse processo está sendo realizado de forma animada e até tola, com o intuito de "expor o inovador" que existe dentro de cada um de nós. Como se esse processo fosse sempre suave e divertido. Com a ilusão de que basta seguir este ou aquele roteiro, e tudo dará certo, muitas vezes brincamos de abstrair para agradar os envolvidos e criar um senso de felicidade em todos. Porém, eu acho que o caminho mais profundo e consistente é bem mais doloroso e incerto. As tentativas simplistas de tirar o real frio na barriga, o risco e o medo de não dar certo, têm produzido um tipo de abstração simulada. O resultado desse tipo de exercício é o surgimento de pessoas inseguras, com limitadas condições de enfrentar desafios reais, como se fossem pilotos de simuladores, não pilotos de verdade.

Exercícios coletivos de abstração implicam na capacidade de lidar com ideias ao invés de eventos; na capacidade de olhar de cima, de subir uma escada em busca de maior entendimento e sentido.
Existe o patamar mais básico, aquele do solo em que a escada se apoia – trata-se do nível de "operar", de "fazer". Estamos sempre ocupados realizando nossas tarefas. Aqui o grau de certeza é maior, temos exemplos e estamos mais perto do concreto, do real. Depois vem o primeiro degrau na subida, que seria o que o professor do Illinois Instutute of Technology, Charles Owen, costuma chamar de *Designing*. É ele que informa a especificação do sistema, que indica o que deve ser feito, para quem e como deve ser feito. Aqui o grande critério de avaliação é a *performance* e a adequação do que o sistema faz em relação às expectativas do que o agente cliente espera. Nessa fase ainda estamos perto do jogo, perto da operação do sistema. Esse é um degrau bastante familiar para a maioria das pessoas e organizações e, de forma mais ou menos estruturada, todas as organizações o alcançam. Daí, teríamos o segundo degrau dessa escada. Trata-se do *Planejamento*, e está ligado às questões do porquê. Por que isso ou aquilo deve ser considerado no patamar do *designing*? E quais as consequências em se fazer ou não

fazer algo. Aqui conseguimos ver um degrau acima da especificação, e consideramos as hipóteses e os possíveis resultados da operação. Estamos no degrau das estratégias, que informam o *design* do sistema. Este já é um degrau mais sofisticado de abstração, que é alcançado por um número menor de organizações.

O terceiro degrau da nossa escada hipotética seria o que poderíamos chamar de *Meta-Planejamento*. Como o próprio nome indica, seria o *planejamento* do planejamento. Quem alcança este degrau já consegue sistematizar ou estruturar a abstração do sistema. Quais abordagens, metodologias e pessoas podem ajudar no aumento da qualidade do pensar as abstrações. São bastante raras as organizações que atingem este degrau e que estão constantemente refletindo sobre como estão pensando sobre o seu sistema; que estão interessadas em saber se o jeito como estão pensando é realmente o mais adequado para seus contextos.

E, por último, o mais alto patamar de abstração que poderíamos chamar de degrau Filosófico. Esse seria o nível em que é possível dar sentido a tudo que o sistema realiza, que conecta todos os agentes. Aqui acontece uma fundamental amarração: a conexão do que se faz com quem o faz. Nesse degrau estão as abstrações relativas aos propósitos e às visões de mundo. Aqui as abstrações estão mais distantes da operação e, por isso, são mais difíceis para a maioria das pessoas. Pouquíssimas organizações e coletivos de pessoas conseguem realmente alcançar esse degrau. Há inclusive quem o veja como desnecessário. Contudo, esse é o patamar de abstração que eu considero mais sofisticado e poderoso. Nele as estratégias, os métodos e as especificações ficaram para trás. Esse é o degrau da Lei do Esforço Reverso, da razão de existir, do sonho, das escolhas e do tipo de assunto sobre o qual refletimos neste livro.

No final, tudo parece se resumir a quão alto podemos subir em nossas próprias escadas de abstração. E, como o Filósofo Ludwing Wittgenstein sugeriu no final do seu livro *Tractatus Logico-Philosophicus*, uma vez que subimos nesse tipo de escada e conseguimos ver as coisas de cima podemos jogá-la fora, pois já não precisaremos mais dela. Esse desapego intelectual é o que nos faz livres para criar novas escadas a cada nova abstração.

Espero que esta pequena reflexão o tenha provocado e inspirado a seguir em sua própria busca com ainda mais determinação.

Sugestões de Leitura

Bohm, David. *Causality & Chance in Modern Physics.* Philadelphia: University of Pennsylvania Press, 1957.

Bohm, David. *On Creativity.* Abingdon: Routledge, 1994.

Bohm, David. *On Dialogue.* Abingdon: Routledge and Kegan Paul, 1996.

Bohm, David. *Quantum Theory.* Englewood Cliffs: Dover Publishing, 1989.

Bohm, David. *The Essential David Bohm.* Abingdon: Routledge, 2003.

Bohm, David. *Thought as a System.* Abingdon: Routledge, 1994.

Bohm, David. *Unfolding Meaning: A Weekend of Dialogue.* Abingdon: Routledge, 1985.

Bohm, David. *Wholeness and the Implicate Order.* Abingdon: Routledge and Kegan Paul, 1980.

Bohm, David; Biederman, Charles. *Bohm-Biederman Correspondence.* London: Routledge, 1999.

Bohm, David; Edwards, Mark. *Changing Consciousness: Exploring the Hidden Source of the Social, Political, and Environmental Crisis Facing our World.* New York: Harper Collins Publishers, 1991.

Bohm, D.; Hiley, B.J. *The Undivided Universe.* Abingdon: Routledge, 1993.

Bohm, David; Peat, F. David. *Science, Order and Creativity.* Abingdon: Routledge and Kegan Paul, 1989.

Briggs, John; Peat, David F. *Seven Life Lessons of Chaos: Spiritual Wisdom from the Science of Change.* New York: HarperCollins Publishers, 1999.

Dyson, Freeman. *The Scientist as a Rebel.* New York: The New York Review of Books, 2008.

Flynn, James. *What is Intelligence?* New York: Cambridge University Press, 2007.

Gleick, James. *Chaos: Making a New Science.* New York: Penguin Group, 2008.

Hiley, B.J.; Peat, F. David. *Quantum Implications: Essays in Honor of David Bohm.* Abingdon: Routledge, 1987.

Krishnamurti, J.; Bohm, David; *The Ending of Time.* New York: Harper Collins, 1985.

Krishnamurti, J.; Bohm, David. *The Limits of Thought: Discussions.* Abingdon: Routledge, 1999.

Peat, F. David. *Blackfoot Physics.* York Beach: Red Wheel/Weiser, 2005.

Peat, F. David. *From Certainty to Uncertainty: The Story of Science and Ideas in the Twentieth Century.* Washington, D.C.: Joseph Henry Press, 1938.

Peat, F. David. *Gentle Action: Bringing Creative Change to a Turbulent World.* Grosseto: Pari Publishing, 2008.

Peat, F. David. *Infinite Potential: The Life and Times of David Bohm.* New York: Basic Books, 1996.

Peat, F. David. *Pathways of Chance.* Grosseto: Pari Publishing, 2007.

Peat, F. David. *The Blackwinged Night: Creativity in Nature and Mind.* New York: Basic Books, 2000.

Peat, F. David. *Synchronicity: The Bridge Between Matter and Mind.* New York: Bantam Books, 1987.

Peat, F. David. *The Pari Dialogues.* Grosseto: Pari Publishing, 2007.

Popper, *Karl R. The Myth of the Framework: In Defense of Science and Rationality.* Abingdon: Routledge, 1994.

Pribram, Karl H. *The Form Within: My Point of View.* Westport: Prospecta Press, 2013.

Randers, Jorgen. 2052: *A Global Forecast for the Next Forty Years.* White River Junction: Chelsea Green Publishing, 2012.

Russell, Bertrand. *Autobiography.* Abingdon: Routledge, 1967.

Schank, Roger. *Teaching Minds: How Cognitive Sciences Can Save Our Schools.* New York: Teachers College Press, 2011.

Sharpe, Kevin J. *David Bohm's World: New Physics and New Religion.* Cranbury: Associated University Press, 1993.

Schrodinger. *What is Life? and Mind and Matter.* Cambridge: Cambridge University Press, 1967.

Talbot, Michael. *Beyond Quantum: How the Secrets of the New Physics are Bringing the Chasm Between Science and Faith.* New York: Bantam Books, 1988.

Talbot, Michael. *Mysticism and The New Physics.* London: Penguin Arkana, 1993.

Talbot, Michael. *The Holographic Universe.* New York: HarperCollins Publishers, 1991.

Watts, Alan W. *The Wisdom of Insecurity: A Message for an Age of Anxiety.* New York: Vintage Books, 2011.

www.dvseditora.com.br

GRÁFICA PAYM
Tel. [11] 4392-3344
paym@graficapaym.com.br